新版

人生で大切なことは、すべて「書店」で買える。

20代で身につけたい本の読み方88

All I Really Need to Know I Learned at the Bookstore.
88 Ways of Reading You Wish to Know in Your 20's
Takuya Senda
Nippon Jitsugyo Publishing

千田琢哉

日本実業出版社

プロローグ
僕の出身校は、
仙台の
丸善と金港堂だ。

僕の出身校は、仙台の丸善と金港堂だ。

衝撃の告白をします。

僕は大学に入学するまで、漫画以外の本を1冊も読んだことがありませんでした。

本を読んだことがないのですから、原稿用紙3枚分の読書感想文はまるで拷問《ごうもん》でした。

ひょっとしたら、否、かなりの確率で僕はこのまま本を読まずに人生を終えるのではないかと強烈な不安と劣等感を抱えていました。

そんな僕が、大学4年間で1000万円分1万冊以上の本を買うことになります。

そして、それらすべてを読みました。

自分でも大学生の特権と先祖から与えてもらった強靭な肉体を活かして高額なアルバイトを複数掛け持ちしていましたが、両親からも膨大な仕送りをしてもらっていました。

それらのお金はすべて本代に注ぎ込みました。

高校の頃の友人や両親は僕のあまりの変貌ぶりに驚愕《きょうがく》しました。

僕の高校生の頃の姿を知っている人たちからは、アイツは何か変なことにお金を使い込んでいるのではないか、と疑われたのも無理はありませんでした。

きっかけは漫画を読みにふらりと立ち寄った、仙台の丸善で間違って手に取った中谷彰宏さんの『昨日までの自分に別れを告げる』という本との出逢《であ》いでした。

力強く大きな文字で書かれていたことと、鋭利な刃物のように研ぎ澄まされた強いメッセージのために、今まで漫画しか読んだことのない僕でもグッと入り込んで読み終えることができました。

読み終えてしばらくしてハッと気づいたのです。


「おお！　これが人生最初に読んだ本じゃないか！」


そのままスキップしながらレジに向かいました。

その日を境に僕は常軌を逸するほどの〝本の虫〟へと変貌《へんぼう》しました。

プロローグ
僕の出身校は、仙台の丸善と金港堂だ。

雨の日も雪の日も毎日仙台の丸善と金港堂《きんこうどう》に通い続け、ジャンルを問わず手に触れた本すべてを購入し続けました。


今では、僕の出身校は仙台の丸善と金港堂だと本気で思っています。

書店に並んでいない場合は、大学の生協でまとめて数十冊単位で注文していました。

知り合いになった生協のおばちゃんからは、

「この本3万円するけど、本当に大丈夫?」


と心配されたことも今となってはよき思い出です。

きっと店員さんからは、どこかの道楽息子だと思われていたに違いありません。

まるでカラカラに乾燥し切った砂が水をぐんぐん吸い取るように、本を読み続けました。

たくさんの本を読み続ければ、お金持ちになれるとか、将来本を書くことができるようになるとか、そんなことは微塵《みじん》も考えたことはありません。

第一、そんな野望を持つ知恵も当時の僕にはありませんでした。

でも、結果として今なら断言できることがあります。

あなたの人生で、これから先に起こる未知の難題に対するすべてのヒントは、すでにどこかの誰かが本に書いてくれているということです。

あなたにもぜひシンプルなこの事実を知っていただき、心で感じていただければ幸いです。

本書を執筆したのは約10年前ですが、改めて虚心坦懐《きょしんたんかい》に読み返してみても僕の本質は何も変わっていませんでした。

ただ時代の変化に対応して一部修正を施し、各章ごとに新しい項目を1つずつ追加することで、改訂版として仕上げました。

2021年1月吉日　南青山の書斎から

千田琢哉

Contents

新版 人生で大切なことは、すべて「書店」で買える。
20代で身につけたい本の読み方88

第2章

本が背中を押してくれる「行動力」

第3章

本が教えてくれる本当の「コミュニケーション力」

第4章

本が伸ばしてくれる効率的な「勉強力」

第5章

本が磨いてくれる結果を出す「仕事力」

第6章

本が導いてくれるお金の不安から自由になれる「経済力」

第7章

本が加速させてくれる「成長力」

第8章

人生を変える本の「買い方・読み方」

エピローグ

カバー＆本文デザイン：中村勝紀（TOKYO LAND）

第1章

本さえ読めば、どんな時代になっても知恵で生き抜いていける

All I Really Need to Know I Learned at the Bookstore.
88 Ways of Reading You Wish to Know in Your 20's
— chapter 1 —

01

本を読むから時間に余裕ができる

様々な会社を見てきて、驚くべき事実を公開したいと思います。

みんなが忙しくしていて、やたらに労働時間が長い会社は倒産一直線に向かっているということです。

ピークを過ぎたら後は坂道を転がり落ちるだけなのです。

だから忙しい会社は要注意です。

これは人もまったく同じです。

最初の立ち上がりの際には誰もが不慣れなこともあって忙しいように見えますが、それが続いていくようではまるで成長していない証拠です。

いつまでも忙しい人に長期的なお金持ちは1人もいません。

今忙しくて儲《もう》かっているように見える人はいずれ必ず貧乏になります。

忙しいのはそれだけ他人に振り回されているだけなのです。

ゆったりと好きなだけ読書できるような時間のある人にいい知恵が授かり、

ドッとお金も流れ込んでくるように人生はできています。

読書に限りません。

「忙しくて○○できない」というのが口癖の人には近づかないように注意しましょう。

お金の貧乏と同様に時間貧乏も感染するからです。

○○があなたの本当に好きなことであれば、すべてに最優先してやってしまうことです。

最優先で○○をやれば時間はいくらでも生み出せます。

忙しいから読書できない人は、読書がそれほど好きではないのです。

お金持ちを目指すより、時間持ちを目指す。
結果として読書する時間持ちは、お金持ちにもなりやすい。

02 いつも読んでいる人に面白い本が当たる

本に限らず、映画についても「最近面白いのがない」というのが、口癖の人がいます。

そうした人たちをよく観察してみると、揃《そろ》いも揃って最新刊も読んでいないし新しい映画も観ていないのです。

たくさん本を読んで、たくさん映画を観ている人は「最近面白いのがない」とは決して言いません。

繰り返し読むことができる本や、繰り返し観ることができる映画に出逢える可能性は誰でも同じで変わらないのです。

１００冊読んで１冊、１００本観て１本でも繰り返し味わう作品に出逢うことができたらそれで御の字です。

つまり１％の面白い作品に出逢うためには、それだけたくさんの作品に挑んでいる必要があります。

「それでは残りの99%は無駄になるのではないか」という心配はありません。

1%に出逢った瞬間、残りの99%が無駄ではなかったということに気づかされます。

1%に出逢うための最短コースは、99%の回り道をすべて経験しておくことです。

量をこなさずに質だけをお手軽に求めていては、人生を十分に味わうことができません。

それでは、推理小説で1行目から犯人が公開されてしまうようなものです。

人生は量をこなしてナンボ、遠回りしてナンボなのです。

まずは圧倒的な量をこなしてから質に辿《たど》り着ける。
質に辿り着いたら、さらに量をこなしたくなる。

03 残業より読書をしたほうが給料は増える

これまで読書家で貧乏な人を見たことがありません。

読書家はとにかく本をよく買います。

たくさんの本を買うためには、ある程度のお金が必要なので貧乏ではないのは当たり前でしょう、という話ではありません。

親しくなってから話をよく聞いてみると、読書家の人は若くてまだ名もなく貧しい頃からなけなしのお金で本を買って読んでいたというのです。

膨大な本を読み続けていると、溢《あふ》れんばかりの知識が知恵に進化する瞬間がきます。

知識というのは断片です。

知識それ自体がお金になることはなく、せいぜい学生時代にテストで「〇」をもらえたくらいでした。

社会人になったらカンニングし放題ですから、知識はタダでいくらでも検索できます。

知恵というのは知識×知識です。

複数の知識が化学反応を起こして別の新しい光の当て方を生み出すことです。

「こんな角度から光を当てることもできる」というのが知恵です。

知恵を持つ人は周囲に快感を与える人ですから、その見返りとして地位が与えられ、お金も集まってくるように世の中はできています。

これは古今東西問いません。

ダラダラと会社に籠《こも》って残業してばかりいるよりは、本を読んで勉強したほうが出世もできて給料も増えるのです。

読書家に貧乏人がいないことだけは確か。
貧しい時こそ本を買って知恵への投資をするべき。

04

読書をしてから実践すると成功率が桁外《けたはず》れに高まる

机上《きじょう》の空論をバカにしてはいけないということを言いたいのではありません。真剣に読書した人なら誰もが気づいていることですが、現代では机上の空論だけの本なんてほとんどありません。

これだけ本が売れなくなってきた今、実践的で現実的な本でなければ読者には見向きもされないからです。

著者も編集者も自分たちの人生を総動員して、経験と知恵のすべてを注ぎ込んでいます。

机上の空論の専門家の本はますます売れなくなって、現実に実績を挙げた人の本が売れるようになっているのです。

その上、実績を挙げた人の表面上のテクニックだけでも売れなくなってきています。

抽象的でカッコいいものが売れる時代も終わりました。

実績を挙げた人の内側にあるものをすべて公開したものが売れています。

だからこそ、読者にとっては恵まれた時代なのです。

世の中はよくなっているのです。

何か新しいことに挑む場合、読書せずに挑むのとたっぷりと読書してから挑むのとでは、結果は雲泥《うんでい》の差となります。

今どき「読書なんて所詮《しょせん》は机上の空論だよ」と馬鹿にするライバルがいたら逆に大喜びしましょう。

そんな人は最初からスタートラインに立っていないも同然なのですから。


読書しない実践は時間の無駄《むだ》。

読書を軽く見る人はスタートラインにも立っていない。

05

エグゼクティブは
ベストセラーを読んでいる

ベストセラーなんて読まない、という人がいます。

そういう人はたいてい傲慢《ごうまん》な態度でふんぞり返っています。

傲慢でふんぞり返っているのは、後ろめたさもありますが向上心がストップしている証拠なのです。

確かにベストセラーのすべてが必ずしも面白いとは限りません。

でもベストセラーには必ずそれが売れた理由があるのです。

売れなかったその他大勢の商品とはまったく違った何かがそこにはあるのです。

関わった人たちの汗と涙と執念と怨念《おんねん》が渦巻いているベストセラーは、仮に読まなくても買っておいて損はありません。

あなたの仕事で何か企画を考えなくてはならない時に、身近にベストセラーを置いて触れてみると必ずヒントを提供してくれます。

ベストセラーが知恵のきっかけを発信してくれるのです。

ありとあらゆる細部に至るまでをじっくり観察してみましょう。

大活躍しているエグゼクティブたちは揃《そろ》いも揃ってベストセラー好きでした。

その逆に出世に遅れた人たちは揃いも揃ってベストセラーを批判する人が多かったです。

ベストセラーを読む人はますます富んでいき、ベストセラーの愚痴《ぐち》を言っている人はますます貧しくなっていくのです。


エグゼクティブに限って流行のベストセラーを読んでいる。

リストラ候補に限って群がってベストセラーを批判する。

06

すばらしい小説はすばらしいビジネス書

本に上下関係がないのと同じで、小説とビジネス書の境目にはあまり意味がありません。

そんな無意味な棲《す》み分けは評論家に任せておきましょう。

自分の人生の主人公としてのびのびと自由に生きていくためには、小説からもビジネス書からもより多く気づいていくことです。

優れた小説は優れたビジネス書であって、優れたビジネス書は優れた小説です。

シェイクスピアの小説にはビジネスのヒントがたくさん詰まっています。

あれは小説ではなくて、もはや自己啓発書の極致《きょくち》です。

児童文学者の吉野源三郎によって１９３７年に出された『君たちはどう生きるか』は、その後様々な出版社から出され、２０１７年には漫画版と併せて発売されました。

いずれも大ベストセラーとなっていますが、漫画版を読んでから活字版も読んでみたくなった人も多いはずです。

きっかけなんて気にしなくてもいいのです。

気になった本を片端《かたはし》から貪《むさぼ》り読んでいけば、必ず運命の本に出逢えます。

評論家がつべこべ言っている間に、あなたは小説もビジネス書もまったく関係なく好きなだけ読んでしまうことです。

10年後に立場は完全に逆転します。

〝自称評論家〟は姿を消し、あなたはマスコミにインタビューを受けているでしょう。

すばらしい小説は、すばらしいビジネス書。
すばらしいビジネス書は、すばらしい小説。

07 本を読むスピードは気にしない

本を読むスピードを気にする人は、読書が好きな人ではありません。

その人は本を読むことが好きなのではなくて、本を速く読むことで周囲に「すごい！」と騒がれるのが好きな人なのです。

仮に周囲から「すごい！」と騒がれるのなら、実績を出してから騒がれましょう。

見栄《みえ》で読書をしている人は、好きで読書をしている人には永遠に敵《かな》いません。

見栄だけで読書していると、必ず途中で挫折して疲れて読書するのをやめてしまいます。

せっかく熱意を持って読書しようとしていたのに、もったいないです。

それなら最初から見栄で読書しないほうがよかったくらいです。

変なテクニック論に走るのではなく、本を読みたくて仕方がない衝動にかき立てられるまで待っていることです。

読むスピードなんて、どんなにゆっくりでも構いません。

「あなたは本を読むのが遅いね」と言われても、ニコニコしながら堂々とじっくり本を読みましょう。

あわただしくページをめくるよりも、1ページ1時間かけて読んでいる人のほうが知的で頭がよく見えます。

自分が好きな本を、好きなスピードで、好きなだけ読んでいけばいいのです。

速読できる人とできない人がいるわけではなくて、生涯にわたって本を読み続ける人と生涯にわたって本を読まない人がいるだけなのです。

本を読むのが速い人と遅い人がいるのではない。
本を読む人と読まない人がいるだけ。

08 漫画も堂々たるジャンル

「漫画なんて……」という表現は本に対して失礼です。

漫画に失礼なのではなくて本すべてに対して失礼なのです。

日本の漫画は最高水準で世界的にも評価されています。

不思議なことに日本の漫画は国内よりも世界での評価のほうが高いのです。

漫画に限らず日本ではあまり評価されなかったのに、海外で評価されてから、逆輸入で改めて評価されるものはたくさんあります。

世界的な漫画を「漫画なんて……」と見下すということは、それ以外の本はさらに見下しているということなのです。

背筋を伸ばして正座して漫画を読んでみましょう。

とてつもなくレベルが高いことに驚かされるはずです。

「漫画なんて……」と言っていた人ほど、漫画にハマります。

漫画で感銘を受けた子どもが将来大学院で研究して夢を現実にします。

元を辿れば漫画が世界を変えてきたことは少なくありません。

漫画が好きだというのであれば、とことん漫画を読み続けてみましょう。

どうせなら金曜日の晩からネットカフェに連泊して何ヶ年計画で店内すべての漫画を読破するくらいに、です。

漫画ばかりを読み続けて疲れてきたら、コーヒーブレイクに哲学書や自己啓発書を読むというのも立派な読書です。


漫画を読むことは立派な読書。

堂々と漫画を読破し続けて極めてしまえばいい。

09 本好きな子に育てる方法

「遊んでばかりいないで本を読みなさい！」と言われ続けた子どもは、本嫌いになります。

「……しなさい！」と強制されることは、大人でも大嫌いなはずです。

自分が嫌いなことを相手に強要してはいけません。

子どもに本を読ませるのなんてとっても簡単です。

普段からあなたが本を楽しそうに読む姿を見せればいいだけです。

できればこっそり隠れながら読書するくらいが子どもの好奇心をそそります。

子どもはそっくりそのまま真似をするようになります。

「お父さんはあんなに楽しそうに隠れてこっそりやっているんだから、きっと楽しいことに違いない」と思うようになるのです。

普段からあなたがゴロゴロ寝転がってテレビを見ていると、子どもはまったく同じように部屋に籠って、ベッドに寝転がりながらゲームばかりやるようになります。

これが引き籠りです。

子どもがやることすべては親の鏡なのです。

「こんな子に育てた覚えはありません！」と叱ることほど無責任な言い訳はありません。

そんな言い訳をしているから、それをそっくり真似して他人のせいにばかりする子どもが増殖するのです。

黙っていても子どもが本を読むように育てたら、もうそれだけで家庭教育は卒業です。

口うるさく「勉強しなさい」「本を読みなさい」と言うのは最低の教育だったのです。

子どもは親がコソコソやっていることに憧《あこが》れる。
大人が楽しそうに読むだけで、子どもは本好きになる。

10 オススメ本は自分にしか見つけられない

相手から勝手に本を推薦されるのは仕方ありませんが、オススメの本を自分から相手に求めてはいけません。

「オススメの本は何ですか」という質問はナンセンスなのです。

仮に教えたとしても、その質問をする人は次に会った時にその本を読んでいません。

加えてオススメの本というのは、人によってまったく別だから、ほとんどがハズレなのです。

それは推薦してくれた人の責任ではなく、求めた人の責任です。

自分の運命を変える本を見つけ出すのは宝探しと同じです。

宝探しでいきなり「ここ掘れワンワン」と言われてしまったら、これほど面白くないことはありません。

いきなり種明かしから始まるマジックのようなものです。

人生というマジックでも、いきなり種明かしを相手に聞いてしまってはいけません。

好きな本を読み続けていると、勝手にあなたの運命の本に接近していきます。

あなたと本との出逢いは、どんなに遠回りしたとしても、すべてベストタイミングです。

成長して受け入れる態勢が整ってからでなければ、巡り逢えないようになっています。

自分の運命の本は、自分とまったく同じ人生を歩んできた人にしかわかりません。

つまり、自分以外には見つけることができないということです。

オススメの本は自分にしか見つけることができない。
運命の本を他人に求めるほどもったいないことはない。

11

いざとなった時、支えてくれるのは言葉の力だけ

僕はこれまでに３０００人以上のエグゼクティブと対話してきました。

エグゼクティブとは正規の取締役以上の方たちです。

組織の重責を担う彼ら彼女らの人生は波乱万丈《はらんばんじょう》であり、自殺を考えたことがある人も１人や２人ではありませんでした。

夜逃げの経験者となればもっと多かったです。

なぜ僕と出逢うまで生きていてくれたのでしょうか。

それは彼ら彼女らを救ってくれた言葉があったからです。

この言葉が命を救うという「決まった言葉」はありません。

命を救う言葉は人それぞれ違うし、場所や時によっても全然違ってきます。

いざとなった時に支えてくれる言葉に出逢うためには、普段から素敵な言葉のシャワーを浴びていなければなりません。

普段から素敵な言葉のシャワーを浴びていると、頭の中にフックがたくさん生

じます。意識していなくてもフックは勝手に頭の中にできるのです。

そのためには本を読んだり、インターネットから学んだり、人と語り合ったりすることです。

そうすることであなたの頭の中にフックがたくさんできて、いざとなった時に知恵の引き出しが開くこともあれば、何気《なにげ》ない言葉をスルーしないでキャッチできることもあります。

僕は大学時代に小説・哲学・心理学・教育学・科学・ビジネス・自己啓発などありとあらゆる本を貪り読みました。

今でもその時代に培《つちか》った言葉のシャワーが全身の細胞に宿り、支えてくれています。

人生のある時期に寸暇《すんか》を惜しんで読書に没頭しよう。その経験がある人とない人では人生は雲泥の差になる。

Senda's Recommend Books

どんな時代になっても「生き抜く知恵」が身につく3冊

1 『うさぎとかめ』

さがの弥生／童話館出版

子ども向けの本で大切なことは「著者は子どもではない」ということです。人生の目標達成方法はこの本に集約されています。かめが勝てた理由はうさぎとは目標のスケールが桁違いだったからです。また別解としてかめはうさぎに長距離水泳競技の提案をしても楽勝したかもしれません。

2 『成功の心理学』

デニス・ウェイトリー／ダイヤモンド社

今まで読んできたすべての自己啓発書で嘘偽《うそいつわ》りなく最高傑作でした。これを読んだ人と読んでいない人とではまったく違う人生になると断言できます。できれば生涯にわたって年に一度の割合で繰り返し繰り返し何度も読み込み、あなたの全身の細胞に沁み込ませてください。

3 『魂の錬金術』

エリック・ホッファー／作品社

〈沖仲仕《おきなかし》の哲学者〉として知られたエリック・ホッファーの箴言《しんげん》集。幼少期に失明を経験し、正規の学校教育を一切受けないまま18歳で天涯孤独に。職業を転々としながら図書館に通い、独学で大学の数学や物理まで習得。カリフォルニア大学バークレー校で政治学を講じるまでに。

第2章
本が背中を押してくれる「行動力」

All I Really Need to Know I Learned at the Bookstore.
88 Ways of Reading You Wish to Know in Your 20's
— chapter 2 —

12

できる人は文庫化までの時間を買っている

成功者たちの本棚をたくさん拝見させていただいて、ある共通点を見つけました。

圧倒的にハードカバーの本が多かったということです。

確かに文庫本はコンパクトで持ち運ぶのも便利です。

僕も文庫本はたくさん持っています。

最近は書き下ろしでいきなり文庫本というのも増えてきましたが、大半の文庫本は数年前にオリジナルが出されたものでベストセラーになったものが文庫化されるという流れです。

たまたま、すでに文庫化されていた本に出逢ったというのなら、文庫本でもまったく構わないでしょう。

しかし、「本当は新刊を読みたいと思っていたのに文庫本のほうが安いから文庫化されるまで待っている」というのは、余りにももったいないと言わざるを得ません。

仮に新刊が1500円で文庫本が500円だとしましょう。

たった1000円で3年分の時間を買えるとしたら、しかも、その本は自分が読みたい旬《しゅん》の時期であるとすれば安いものです。

魚や野菜にも旬があるように人間の好奇心や吸収力にも旬があります。様々な意味において旬は美味しいです。

つまり、成功者たちは本に限らず人生すべての判断において「時間」の大切さと「旬」の大切さを熟知しているということなのです。

魚や野菜と同じように人間の好奇心や吸収力にも旬がある。できる人は文庫化までの時間と旬のチャンスを買っている。

13

買って家に帰る前にカフェで読む

読んだ本の内容を自分の人生に活かす方法は1つしかありません。
読んでいる最中《さいちゅう》に居ても立ってもいられなくなるくらいに面白い本を読むことです。
ページをめくる手が震えて心拍数が急上昇する本を読むことです。
シンプルですが、本当にただそれだけのことなのです。
読書とは、あなたにとって面白い本を読むことです。
隠れてでもこっそり読みたくなるような本です。
ポーズのために読む難しい本や強制的な課題図書は偽物の読書です。
他人の目や評判なんていっさい気にする必要はありません。
いっさい気にしてはいけないのです。

眠い目をこすりながら我慢してページをめくるのは、受験勉強で卒業しましょう。

読んでいる最中に眠くなってきたら嘘の読書です。

徹夜明けなのに目が冴《さ》えるのが正しい読書です。

書店で立ち読みしていたら興奮で本を持つ手がわなわなと震えてきます。

まだ買っていないのに涙で本が滲《にじ》んでしまいます。

読み終えて気がついたらレジに向かっています。

書店を飛び出るなり、家に帰るまで待ち切れずに近くのカフェに飛び込みます。

家に帰るまでには読破してしまって、大切な人へのプレゼント用として書斎の本棚に収納するだけなのです。

これが大人の読書です。


読んでいる途中で実践したくなるのが運命の本。

立ち読み段階で鼓動が高ぶってきたら合格ライン。

14

本を読んでいると左右両脳が鍛えられる

男女ともバランスのいい人には人もお金も集まってきます。

バランスのいい人には1つの共通点があります。

それは左脳も右脳も発達しているということです。

自分は左脳型だとか右脳型だと思い込んでいる人は多いですが、実際にはバランスのいい人と悪い人がいるだけです。

左脳型に偏《かたよ》り過ぎても右脳型に偏り過ぎても、人もお金も集まってきません。

学術的には男女差や個人差はあることがわかっていますが、一般に左脳は論理、右脳は感性をつかさどります。

論理だけでは周囲をイライラさせて嫌われますし、感性だけでは絵に描いた餅《もち》で終わってしまいます。

もちろん論理型の人と感性型の人が運よくタッグを組めればいいのですが、少なくとも相手の気持ちをわかろうとする姿勢は必要です。

そのためには読書が一番です。

読書をすれば左脳で論理的に理解しなければなりませんし、右脳で想像した映像を浮かべながら感性を磨けます。

結果としてバランスのよい発想ができるようになり、多くの人たちの声に耳を傾けられるようになります。

相手の話を傾聴すると応援してくれる人がどんどん増えるので、相手の個性も活かせるというわけです。

本を読んで論理と感性を楽しく鍛えよう。
論理と感性を鍛えると動きたくなる。

15

本を読んでいる人は応援されやすくなる

本を読むと謙虚になります。

それはそうです。

自分より遥《はる》かに考えて遥かに経験の豊富な著者たちが星の数ほどいて、各人からそれぞれの知恵を授かることができるのですから、謙虚にならざるを得ません。

謙虚とは何でしょうか。

それは「納得《なっとく》」する力です。

「納得できません」と言う人は謙虚ではありません。

納得できない理由を他人に求めてはいけません。

勉強しなければ納得できないことに気づくことです。

実際にやってみなければ納得できないことに気づくことです。

自分から「納得しよう」という姿勢で人の話を聴く人は納得させてもらえます。

納得させてもらえる上に、その謙虚な姿勢に対して周囲は応援してくれるようになります。

「納得しようとしない」人の応援は誰もしようと思いませんが、「納得しようとがんばっている人」の応援ならしようというのが人情です。

本を読むのは「納得」して応援されやすくなるためです。

30代になって今度は部下に納得してもらう立場になった際に、20代で「納得しよう」という姿勢でがんばってきた人とそうでない人の差が出ます。

他人を納得させるためには、自分が他人の１０００倍納得していなければなりません。

広さ10倍×深さ10倍×情熱10倍＝１０００倍です。

人生から「納得できない」をいかに減らすかが大人の読書。
納得するためには読書をして謙虚になるのが一番。

16 本を読んでいる人はタフになる

どん底時代にできることといったら、やはり読書です。

どん底の時代は、時間だけはやたらあってグジグジ悩んでいるわけです。

忙し過ぎると人は悩んでいる暇がありません。

自分が忙し過ぎて悩んでいると思い込んでいる人は、まだ悩んでいる時間があるから余裕があるのです。

精神的にも肉体的にも極限まで圧縮されたら、人間は愚痴を言ったり悩んだりすることもできなくなります。

友人と喧嘩《けんか》して絶縁状態になった。

取引先と口論になって出入り禁止になった。

恋人と喧嘩して別れた。

これらはいずれも、どん底状態になるきっかけでしょう。

ところが、読書している人は同じ環境にいても精神的にタフです。

なぜなら、自分を励ます言葉をたくさん持っているからです。
東日本大震災で人を励ましたのは、言葉の力です。
食糧が肉体に欠かせないのと同じで、精神に言葉の力は欠かせません。
どん底から這《は》い上がるためには、最初にコミュニケーションから始まります。
コミュニケーションで言葉を交わすのです。
言葉を交わしているうちに人は笑顔になります。
笑顔になると脳がリラックスして知恵が生まれます。
知恵によってどん底から這い上がって人間は強くなっていくのです。

まずはたくさん言葉のシャワーを浴びる。
言葉によってしか、人はタフになれない。

17 人に本をプレゼントすると本の内容がより記憶に残る

人が最も記憶に残るのは、別れ際です。

長年付き合ってきた相手との数々のプロセスはほとんど忘れているのに、別れ際の記憶は一生忘れません。

別れ際に、人の記憶は強化されるようになります。

人は別れる際に最も名残惜《なごりお》しくて必要に思えてくるのです。

これは本も同じです。

僕は就職が決まって引っ越しの際に、本を手離す作業に圧倒的な時間を費やしました。

入り口すら体を横にしなければ入れないくらいに、部屋中を囲んでビッシリ本棚に詰められた本たちを、就職先の独身寮にそのまま送ったら寝る場所がなくなります。

それどころか「働く気があるのか！」と内定を取り消されて、寮を追い出されていたかもしれません。

結局、所有していた本の95%を処分しました。

本棚1つ分だけに絞りました。

本を処分した際に複数の古書店に足を運んだのですが、あまり膨大な本を運び続けたので「うちの店を潰す気か！」と言われてしまうこともありました。

でも、ここで大切なことを本から僕は学びました。

愛する本たちと「えいやっ！」と別れを告げる際に、初めてその本のよさがわかったということです。

「あの本は連れていくのに、私は捨てるの？」という声を断ち切ると次のステップアップした出逢いがあるのは本も同じです。


本はどんどんプレゼントして手離そう。

その際、あなたはその本から最も多くを吸収している。

18

できる人の本棚には「初版」が多い

数多くの成功者たちの本棚を見せてもらって気づいたのは、意外なほどベストセラーを読んでいるという話をしました。

実際に、「こんなに忙しい人なのに、いったいどこにそんな時間があるの?」という人ほどベストセラーが本棚に入っていたのです。

しかもベストセラーの奥付はたいてい初版なのです。

ベストセラーですから、発売直後にすでに重版がかかっていることも珍しくないのに、初版で持っているということは、ちゃんと発売日に買っているということです。

否、正確には発売前にアマゾンで予約しているのです。

これはすごい行動力です。

行動力よりすごいのは、とてつもない好奇心の塊だということです。

成功していない人ほど、頭からベストセラーを批判します。

「あんなくだらないものがベストセラーなんて……」と群がって批判することが生きがいになっているのです。

できる人は逆です。

発売日にいきなり「『独学大全』読んだ?」とメールが届きます。

『鬼滅の刃』の初版が本棚に並んでいます。

しかもそれらの批判をしません。

売れた理由としての〝いいところ探し〟に終始するのです。

〝欠点探し〟は幼稚園児でも得意ですが、〝いいところ探し〟は脳みそをフル回転させなければできません。

売れる本は読まなくても買う価値がある。
その本の〝いいところ探し〟で多くの気づきを得る。

19

棚差しの地味な本こそあなたの運命の本

書店には、その店の雰囲気づくりのために〝見せ筋〟としてカッコよくウインドウや入口付近に陳列されているコーナーと〝売れ筋〟として一等地に平積みされているコーナーがあります。

もちろん、これらの本もどんどん買って読んでみてください。

書店側は素敵な本に出逢えるように創意工夫を凝らしてくれています。

ところで本好きの人ならみんな知っていますが、この〝見せ筋〟と〝売れ筋〟以外に運命の本に出逢いやすいコーナーがあります。

それが〝棚差し〟と呼ばれる店の大半を占めている、本棚に入って背表紙だけ見せて圧倒的多数として陳列されている本です。

一見地味で目立ちません。

本好きかどうかは、この〝棚差し〟にいる滞在時間と、背表紙を見る眼光でわかります。

「こんな本いったい誰が買うの？」というような本がいつまでも棚に差し込んであるということは、店側の判断で「買う人がいる」と判断されているからです。

僕もこの棚差しから掘り出し物を探し当てるのが大好きです。

たまに同じマニアックな人と目が合うとうれしくなります。

行きつけの書店に毎日通っていると、棚差しの本がスッポリなくなっているとすぐに気づきます。

買った人がいるということです。

その人は運命の本に出逢った人です。

その瞬間、ちょっと妬《や》けます。


棚差しで日に焼けた本を一度立ち読みしてみよう。世界中で誰も知らない自分だけの運命の本に出逢えるから。

20

2回立ち読みした本は買っておいて間違いはない

書店に行くと立ち読みを2回してしまう本があります。

一度手にして気になったのでもう一度手にする本です。

正確には2回で終わりません。

2回手にして立ち読みした本は、3回以上立ち読みして買うか買うまいかずっと迷います。

店員さんから「怪しい人」と思われるくらいに、行ったり来たりして何度も立ち読みしています。

こうした人の共通点は、結局その本を買わずに帰ってしまうことです。

これでは明日からも永遠に同じ人生を繰り返していくことになります。

成功していくためには、目の前の小さな決断から変えていくことです。

実は2回以上立ち読みした本が、あなたの本命の本なのです。

合コンで第一志望の本命の相手は一目見て明らかなのに、第二志望や第三志望の相手から誘われたらそれについ乗ってしまう人が多いです。

もし、これからあなたの人生を好転させていきたいのであれば、本命から無意識のうちに逃げてはいけません。

いつも第一志望に対しては貪欲であってください。

２回以上立ち読みさせた本は、あなたの潜在意識がそれを欲しているからに他なりません。

幸せになる第一歩は、自分に正直になることです。


他人に嘘をついても自分に嘘をついてはいけない。

２回立ち読みした本を買うのは自分に正直になること。

21

あなたの本棚はあなたの将来の鏡

あなたの本棚を眺めてみてください。
人は自分の本棚に並んでいる本のような人間になるようにできています。
なぜなら、本棚に並んでいる本は、あなたが買うと決めた決断の集大成だからです。
本好きな人は、大きくて奥行もある本棚を所有していることが多いです。
奥行があるのは、手前側と奥側に本を並べることができるように、です。
手前側には自分の建前（ウソ）が、奥側には本音（ホンマ）が隠れています。
ちなみにエッチな本はいつも奥側に並べられています。
エッチな本が手前に並べてある人は相当な大物です。
もし僕が女性に生まれたら、そんな豪傑に抱かれたいと思います。
手前側の建前と奥側の本音から自分のやりたいことや未来が浮き彫りになってきます。

自分のミッション（使命）は何なのか。
自分がこれから目指すべき道は何なのか。
自分はこれから何を通して人の役に立っていけば幸せになれるのか。
自分探しをする人は多いですが、答えはあなたの本棚にあります。
自分探しをするといって、本当に会社や学校を辞めて旅に出てしまう人もいます。
でも、わざわざ旅に出なくても、自分探しの本質は身近にいつも転がっているのです。

自己分析は本棚分析。
本音と建前の間にミッションがある。

22

勉強不足で動くとチャンスを失う

本気のあなたに対して、とっても厳しいことを言います。

自分はまだ若いから許されると思って、やたら動き回ってはいけません。

「若いうちは何も考えずにとにかく行動するのみだ」という教えが善とされる時代も確かにありました。

つべこべ言わずに黙ってやる人間が重宝されて出世していました。

入社間もない社員に「名刺を○○枚交換するまでオフィスに戻ってくるな！」と根性論の指導をする会社もありました。

しかし今の時代、それらはすべて逆効果です。

無知蒙昧《むちもうまい》な若者があちこちの目上の人に無理に会いたがるのは失礼ですし、自分の将来を狭める行為です。

それはなぜでしょうか。

実は成功者たちというのは裏で全部つながっており、「この会社とは取引しない」「この会社の○○とは会ってはならない」という暗黙のルールがあります。

成功者の時間を無理に奪うと、そのブラックリストに入れられて永久追放になります。

二度と会ってもらえなくなるということです。

僕が新入社員の頃から奇跡的にほぼすべての経営者、とりわけ創業者に依怙《えこ》贔屓《ひいき》されてかわいがられた理由はたった1つです。

大学時代に「松下幸之助」「中村天風《なかむらてんぷう》」「安岡正篤《やすおかまさひろ》」の本を制覇していたからです。

勉強不足で人と会ってはいけないというのも、大学時代の読書で予習済みでした。

> **猪突猛進《ちょとつもうしん》や蛮勇《ばんゆう》は勇気ではない。**
> **体に汗をかく前に、脳みそに汗をかけ。**

Senda's Recommend Books

すぐやる「行動力」が身につく3冊

1

『野心のすすめ』

林真理子／講談社

本書は老若男女問わず人生のどこかで読んでおくべき本です。若い頃に自分は“持たざる者”だと思っていた著者はサクセスストーリーを歩み、激しい嫉妬と憎悪から世間のバッシングを受け続けました。著者ならではの本音に基づいた生きた知恵から勇気をもらい、行動に移しましょう。

2

『1秒で捨てろ!』

成毛眞／PHP研究所

僕はこの著者の本をよく読みますが、本当に仕事ができる人だということがよくわかります。なぜなら僕が出逢ってきた3000人以上のエグゼクティブたちの中でも、とりわけ卓越した実現力のある人の思考回路と酷似しているからです。著者の思想に触れてぜひ試しましょう。

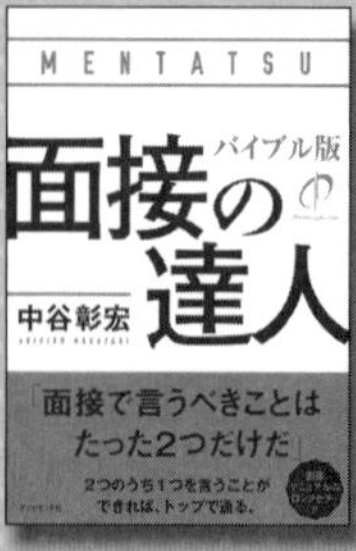

3

『面接の達人 バイブル版』

中谷彰宏／ダイヤモンド社

「面接で言うべきことはたった二つだけだ」このフレーズだけでもノーベル賞に匹敵するインパクトです。今後採用面接は大きく変わることも予想されますが、本書には著者が1000冊を超える作品を出し続ける原動力が詰まっています。歳を重ねても初心に返らせてもらえる1冊です。

第3章
本が教えてくれる本当の「コミュニケーション力」

All I Really Need to Know I Learned at the Bookstore.
88 Ways of Reading You Wish to Know in Your 20's
— chapter 3 —

23

本を借りて読む人は、自分も一生使われて終わる

いつも本を借りて読んでいる人には厳しいことを言います。

将来、人の上に立ちたかったら、本は必ず自腹で買って読んでください。

いつも本を借りて読んでいる人は、うだつの上がらない人生で幕を閉じます。

お金を払わない人は傲慢になって学ぶことができないのです。

結局損をしているのは自分です。

これはセミナー講師をしたことがある人はみんな知っています。

会社のお金で強制的に参加させられている人は、たいてい居眠りしているか股を拡げて腕を組んでふんぞり返っています。

こういう人を指名すると、何も考えていないので、しどろもどろになります。

一方、自腹でセミナーに参加している人は、熱心に耳を傾けて背筋を伸ばして必死でメモを取っています。

お金を払うことによって知恵に対する敬意が芽生えてくるのです。

また、借りた本はたいてい返さないから人望も失います。

そして借りた本は真剣に読むことなく、いつか暇ができたら読もうと、どこかに片付けたまま忘れてしまうのです。

お金と同じで貸した側はいつまで経っても憶えていますから、会うたびに「読んだ？」と借りた側に聞いてきます。

そのたびに借りた人はお茶を濁さなくてはならず、気まずい雰囲気になります。貸した人が「読んだ？」と聞いているのは、感想を知りたいのではありません。「いい加減、早く返してね」と催促しているのに気づきましょう。

借りて読む人は、人に使われる人生で終わる。
自腹で買って読む人は、人の上に立つ人になっている。

24 今読んでいる本の話を会った人にする

人脈を拡げるコツは簡単です。

出逢った人すべてに、今読みかけの本や最近読み終えたばかりの本の話をしてあげることです。

自分が本当に心底面白いと思った本について話してください。

がんばって無理に正確な内容を伝えようとするのではなく、面白かった空気を面白そうに伝えるのです。

そうするとよいことが2つ起こります。

まず多くの人たちに感動を共有化させようとすることによって、あなたの頭が整理されて急速に知的になっていきます。

次に、あなたの話に興味を示す読書好きの人たちがあなたの傍《そば》に集まってきて、読書をしない後ろ向きの人たちはあなたから去っていきます。

居心地が悪いと感じるようになるからです。

1年もしないうちにあなたの人脈が完全に入れ替わります。

読書好きの人は向上心が強いですから、経済的にも社会的にも成功している人が多いです。

結果として、読書する人は読書する人たち同士でますます富んでいくように世の中はできています。

読書しない人たちは読書しない人たち同士で足を引っ張り合ってますます貧しくなっていきます。

中には読書しなくてもお金持ちになる人はいます。

その人たちの共通点は成功が長続きしないことです。


今読んでいる本の話を今日出逢う人にしてみよう。

1年後、人脈は倍増している。

25 本をプレゼントされたら24時間以内にお礼状を出す

本をプレゼントしてもらうことがあります。

本のプレゼントはたいていてい成功している人からです。

僕も成功者たちを見習って本をプレゼントするのが大好きになりました。

20代の頃はいずれ自分の本をプレゼントできるようになりたいな、と思っていました。

プレゼントされた本をきっかけに、友だちになれる人となれない人に分かれます。

ほとんどの人は友だちになれずに一生を終えます。

僕は本をプレゼントしてもらったら、できるだけプレゼントしてくれた人と友だちになりたいと思います。

だから本をプレゼントしてくれた人に、その日のうちにお礼状としてハガキを書いて出し続けてきました。

たいていはその日のうちに読んでしまうので「この一節が響きました」と書きます。
別れてお見送りした後、すぐにその本を読み始めるのです。
そうするとプレゼントしてくれた人と本の内容がセットで記憶に残ります。
本を目にする度にプレゼントしてくれた人の顔を思い出すことができます。
でも正直に告白すると、その日のうちにどうしても読めない時もありました。
そんな時は嘘の感想を書くわけにはいきません。
僕はこう書きました。
「今から読ませていただきます」
たったこれだけで人生が変わります。

本をプレゼントする人は人間味溢れる人が多い。
翌日お礼ハガキが届けられたら狂喜されること間違いなし。

26

本を読むと付き合う人が一変する

読書し続けると、最初に変わるのは普段付き合う人です。

読書する人と読書しない人とではそもそも会話が嚙み合わなくなるからです。

あなたが読書し続けると、あなたは読書しないグループの仲間に居続けることが許されなくなります。

読書しないグループの人たちの話題はたいていネガティブな噂《うわさ》話が中心です。

読書する人はポジティブで前向きな話が中心です。

読書によって宇宙のような大きな世界観に触れることによって、ネガティブな噂話は金魚鉢の世界のように急に退屈になってくるからです。

だから、カップルや夫婦で片方が読書家で片方が読書しない人の場合は要注意です。


お互いの成長のスピードが断然違ってきますから、コミュニケーションのバランスが取れなくなるのです。

どちらが上でどちらが下と言いたいのではありません。

どちらが正解でどちらが不正解というのでもありません。

単に生きる世界がまったく別になるというだけの話です。

鳥類と魚類くらいに生きる世界が別々になってしまうのです。

読書している人たちは読書している人たちでグループをつくり、読書しない人たちは読書しない人たちでグループをつくるのです。


地球上には2通りの人間しか棲息していない。

読書する人間と読書しない人間だ。

27 仲良くなりたい人のオススメ本は積極的に読む

本をすすめられたからといって、必ずしも読まなければならないわけではありません。

読書の大前提は、「好きな本を好きなだけ好きな時に読む」ということだからです。

気乗りしない本を押しつけられながら嫌々読むほど人生の時間の無駄遣いは、この世の中にありません。

すすめられた本を読んだほうがいいのは、すすめてくれた相手があなたの好きな人の場合だけです。

読んだほうがいいかどうか迷う場合は、迷わず読むのをやめましょう。

迷っている時点で好きではないのです。

考えなくても好きだ、というのが本当に好きだということです。

気乗りしない本はいっさい読む必要がないどころか、読んではいけないのです。

換言すれば、好きな人がすすめてくれた本を読むのはそれぐらい楽しいということです。

好きな人と同じ本を読むことほど楽しいことはありません。

デートで同じ映画を観に行って、他の誰も反応していないのに同じシーンで泣いたり笑ったりしているようなものです。

これほど生まれてきてよかった、出逢えてよかった、と感じる瞬間はないでしょう。

同じ本を読んで感じ合うのは、いいセックスをしているのと同じです。

> **大好きな人が読んでいる本を制覇しよう。**
> **大好きな人が本を読んでいる時の表情を真似しながら。**

28

1人の時こそ絶好の読書チャンス

人間関係で悩んだら、とことん落ち込むのもいいでしょう。

とことん落ち込んだ経験のない人は将来退屈な人になってしまいます。とことん落ち込んだ経験のない人が退屈極まりない人になるのは、本を読むチャンスを逃しているからです。

落ち込んだ直後には、必ず本を読めば復活することができます。

読書家にとっては落ち込む経験は、読書する楽しみが沸々《ふつふつ》と湧いてくるチャンスをゲットしたようなものです。

落ち込んだ時、うまくいかない時、孤立無援の時こそ深く本を味わうことができるのです。

あらゆる本は複雑な人間関係の悩み事を紐解《ひもと》いていくために存在します。

悩み事なしで読書をするというのは、地図なしで宝探しをしているようなものです。

明確な悩み事があれば、すでに精度の高い地図を手にしているようなものですから、運命の言葉に出逢う確率も高くなります。

本には、世界中の人類の叡智《えいち》がすべて盛り込まれているからです。

こうして見てくると人生には２通りの時期があることに気づかされます。

人間関係で悩める時期と悩まない時期があるのではありません。

読書できる幸運な時期と読書できない不運な時期があるだけです。

人間関係の悩みは読書にとってこの上ない贅沢《ぜいたく》なチャンス。
悩み事が多い人はたくさん読書できる幸運の持ち主だ。

29

買った場面が思い出せない本は整理してもいい

あなたは今の恋人と出逢った日を思い出せますか？

出逢った日のことを細部に至るまで鮮明に思い出せない相手は、本命ではありません。

人生の貴重な時間を無駄遣いしている証拠ですから、さっさと別れましょう。

恋の始まりは、いつも最初に出逢った日の最初に目が合った瞬間です。

これは本も同じです。

引っ越しなどで本を整理しなくてはならない時にはたいてい迷います。

買った時には1冊1冊すべてに対して、それなりに思い入れがあったはずです。

でも整理しなくてはならない。

この気持ちは僕も痛いほどよく理解できます。

そんな時に決断する物差しとして、「その本を買った時のシチュエーションが思い出せるか否か」というものがあります。

買ったお店や店員さんの表情まで記憶にあるのであれば、その本はまだ整理するべきではありません。

思い入れがあるからです。

それはあなたに学ぶ姿勢がまだ残っているということです。

でも、買った際のシチュエーションが何も思い出せない本は、整理してもいいのです。

たいして思い入れがない証拠だから、あなたに学ぶ姿勢がもう残っていないということです。

別に悲観する必要はありません。

「そんなこと言って、後からやっぱり必要になったらどうするのか?」

もう一度買えば解決します。

本との出逢いは恋人と同じ。
本との別れも恋人と同じ。

30

本を読むということは自分とのコミュニケーション

実は本を読むという行為は、コミュニケーションの訓練をしているということです。

まず著者とのコミュニケーションがあります。

「なるほど！」「知らなかった！」「そうだったのか！」と個別レッスンを受けているようなものです。

僕自身がそうであるように、本の著者にはいつも打ちのめされます。

特に天才作家と言われている人が、自分より若い頃に書いたという作品を読むたびに感動というより、いつも絶望感に陥ったものです。

自分が1億年かかっても書けそうにないからです。

「もう世の中で自分に書くことなど何も残されていない」という気持ちになります。

それでも沸々と書きたいという気持ちが自分の中から湧き上がってくるしぶと

い人だけが、執筆家となって生計を立てているのです。

もう1つは自分自身とのコミュニケーションがあります。

本を読んでいて琴線《きんせん》に触れる部分を思い出してみてください。

あなた自身が過去に経験したことがあることに対して、琴線に触れていることに気づかされるはずです。

自分の経験に結び付けることができないことは、琴線に触れることはありません。

だから、つらい人生を送ってきた人ほど、たくさん琴線に触れることができます。

自分自身のつらい経験とコミュニケーションを取ることができるからです。


そもそも読書はエロチックなもの。

脳みそで愛を確認し合っている行為だから。

31 音読してみると新しい自分に出逢える

小学生の頃、国語の教科書を家で音読して親にサインをしてもらう宿題がありました。

国語の先生の音読はいつも上手でウットリして聴いていました。話の内容よりも国語の先生の声に聴き入ってしまい、脳にα波が発生してウトウトし始めてしまうくらい好きでした。

今でも僕は音読する時には、国語の先生になり切って音読しています。

音読するとたくさん気づかされることがあります。

自分で自分の声を聴いていると、まるで自分の声ではないような錯覚に陥ります。

最初はちょっと恥ずかしいのですが、次第に意識してカッコいい声の出し方を練習しています。

姿勢をよくしないといい声を出せないことにも気づかされます。

自分はこんな声をしていたのかと改めて発見があります。

また目だけの読書では見落としがちな言葉もキャッチできます。

ついつい読み飛ばしてしまいそうなところも音読では読み飛ばせません。

意外に簡単な漢字が読めない自分にも出逢えます。

意外に簡単な言葉の意味を知らない自分にも出逢えます。

辞書を引いたりインターネットで検索したりすると、そこには必ず新しい発見があります。

新しい自分に出逢うために、小学生の頃に戻って音読してみるのは有効です。

最後に姿勢よく音読してみるとわかりますが、エネルギーが体の芯から湧いてきて元気になることもできます。


元気がなくなったら音読しよう。

背筋を伸ばして音読すると生まれ変われる。

32

苦手な本を読むことは苦手な人と付き合うための予習

楽しい本を読んで幸せな気分になったら、苦手な本にも挑戦してみましょう。

必ずあなたの新しい可能性を拡げるきっかけになります。

人生の転機は、食わず嫌いで逃げ回ってきたことの周辺にあることが多いのです。

食わず嫌いと本当の嫌いは違います。

食わず嫌いは一度もちゃんと取り組んだことがないのに、ずっと逃げ回っていることです。

せっかく授かった人生において、食わず嫌いのまま終えてしまうのはもったいないです。

すべて一度は食べてから吐き出していくことです。

人生の意義はいかにして花開くかではありません。

一度咲いた花は必ず朽ちます。

いかにして食わず嫌いをゼロに近づけていくかが、人生の意義です。

苦手な本との付き合い方は簡単です。

実際に読んで「やっぱり苦手だな」と感じたらすぐに閉じればいいだけです。

これを定期的に繰り返します。

膨大な読書をしていると、食わず嫌いだった分野の本が急にすっと頭に入ってくることがあります。

これが正しい勉強です。

一度この快感を味わうと麻薬と同じで抜け出せなくなります。

苦手な人との付き合い方もこれと同じです。

コツは我慢せずに淡々とこなしていくことです。

> 大好きな本に出逢うのも幸せ。
> 食わず嫌いだった本の中に大好きを見つけるのも幸せ。

33

知性のある人は相手の幸せのために、あえて嘘をつく

あなたは嘘つきでしょうか。

僕は嘘つきです。

今回はじめて告白しますが、これまでの僕のコミュニケーションの9割以上は嘘でした。

相手が喜ぶのなら心にも思っていないことを平気で口にしてきましたし、結果としてそれでお金を稼げることもありました。

嘘をついたほうが人に喜んでもらえて、さらにお金までもらえるのですから嘘をついたほうがいいじゃないですか。

その代わり僕の嘘には1つだけルールがあります。

それは死ぬまで絶対に嘘をつき続けるというものです。

一度「愛している」と嘘をついたら、一生嘘をつき続けると決めています。

それによって失うものよりも得るものが大きければ、それが正しいと思ってい

ます。

神様は人類に嘘をつく本能を授けたのですから、善悪を超越して嘘は必要なのです。

ただし嘘をつくためには最低限の知性が必要です。無知蒙昧《むちもうまい》な人が嘘をつくとすぐにバレますし、それどころか本当のことを言っても信じてもらえません。

知的な嘘とは、本音や真実を知った上であえてその逆を攻めることです。

「この人にこの一言を浴びせたら死んじゃうな」という言葉と逆の意味の言葉を浴びせると、相手は狂喜して好きになってくれます。

そのためには読書を通して本音を学び、人間観察をして本音を検証し続けることです。

本音だけで生きると絶対に幸せになれない。
知的な嘘をつき続けながら上手に幸せになろう。

Senda's Recommend Books

相手を選ばない「コミュニケーション力」が身につく3冊

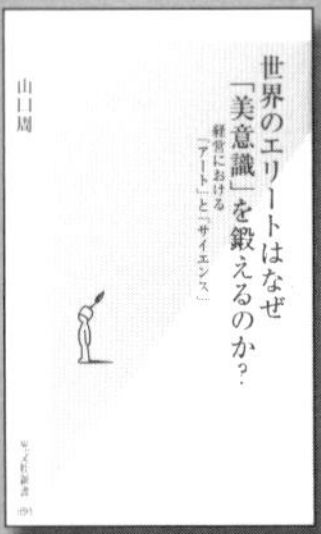

1 『世界のエリートはなぜ「美意識」を鍛えるのか？』

山口周／光文社

コミュニケーション本の分野にはハウツー本が溢れていますが、本書はより実践的かつ理論的なコミュニケーションの本質を深く学べます。なぜ日本企業が行き詰まるのか、経済が停滞するのか。それは人の役割を果たし切れていないからです。役割を果たせば1＋1＞2になります。

2 『言ってはいけない』

橘玲／新潮社

僕はこれまでに1万人以上のビジネスパーソンと対話してきましたが、コミュニケーションで大切なのは、綺麗事を一切排除した人間の真実を知ることです。世の中では口には出してはいけませんが、知っておかなければならないことがあります。真実を知ると、赦《ゆる》せるようになります。

3 『その悩み、哲学者がすでに答えを出しています』

小林昌平／文響社

歴史に名を遺す哲学者はすべて天才と考えていいでしょう。某哲学者はデカルトとカントは100年に1人、アリストテレスとライプニッツは1000年に1人の天才と言っていました。本書では20人以上の天才と対話できます。換言すれば、日常会話はすべてこれらの簡易版ですね。

第4章

本が伸ばしてくれる効率的な「勉強力」

All I Really Need to Know I Learned at the Bookstore.
88 Ways of Reading You Wish to Know in Your 20's
— chapter 4 —

34

ネット書店だけに頼らず週に一度書店で世の中をつかむ

ネット書店は僕もよく利用しています。

最初から狙い撃ちで欲しい本を購入する場合は、わざわざ書店に足を運ばなくてもクリック一発で翌日に配達してもらえるのはとても便利です。

アマゾンでは自分以上に自分のことをよく知っているかのように、過去の購入履歴から分析され尽くしたオススメ商品がメールで届けられます。

マーケティングの極致です。

ところがリアル書店にも足を運んでいると、リアルでしか味わえない生きた情報を得ることができます。

まずパソコンやスマートフォンの画面では収まりきらない膨大な1次情報が、100％生で確認できる上に直接触れることができます。

ネット書店の出現でリアル書店は今まで以上に必死に創意工夫を凝らすようになりました。

陳列の仕方も、来店したお客さんが買いたくなるように極限まで知恵を絞ってあります。

流行を一目でつかめるようにしてくれています。

仮に買わなかったとしても、リアル書店に週に一度くらいは足を運んで陳列を眺めておくだけでも世の中の流れを生で感じることができます。

インターネット上の緻密なアルゴリズムに基づく情報とはまた違った、よく練られた知識や知恵が溢れ返っているのです。

> **週に一度、書店のベストセラーコーナーを眺めよう。**
> **〝これから〟を知るヒントが満載。**

35 ネット書店で弱点補強と効率化を実現させる

アマゾンをはじめとしたネット書店のマーケティングが卓越していることはすでに述べた通りです。

僕もネット書店をよく利用しますが、ここはあえて身を委ねてみることです。動物が好きな人が動物の本を買うと、どんどん動物の新刊やとっておきの本が紹介されます。

とても自力では辿り着けないような貴重な本に出逢うことも珍しくありません。おかげでお金をどんどん使うようになりますが、自分の頭への投資としてお金を使うのであればこんなに安いものはありません。

購入履歴を客観視することで、意外に頭を使う本を読んでいないことにも気づきます。

リアル書店では偶然の出逢いという醍醐味《だいごみ》がありますが、ネット書店には「自分の教養の穴」のようなものが浮き彫りになってくるという利点があります。

もう1つ、ネット書店の醍醐味は、昔の懐かしい本がかなりの確率でゲットできることです。

昔は古書店を探し回ってもなかなか見つからなかった本を、今は一瞬で検索できます。

これにより本選びにかかる時間は大幅に削減でき、昔読んだけどもう一度読み直したい本を好き放題味わうことができるようになりました。

昔とはまた違った視点で深い読み方もできて、思わぬ感動もあります。

僕は、大学時代に読んだ本をよくネット書店で1円（送料は別）で購入し直していますが、本当は1万円でも欲しかったのに申し訳ないくらいです。

本好きには天国のような時代になったものです。

ネット書店にはリアル書店にはない2つの強みがある。
自分の教養の穴に気づけて懐かしい本を一発で検索できる。

36

文字量の少ない本を味わいながら読む

僕は、経営コンサルタント時代に死ぬほど企画書を書いて、死ぬほど企画書を読んできました。

コンサルタントの仕事は書類を書く量が半端ではありません。

400人の組織なのに、数万人の大企業よりも紙のトータルの消費量が遥かに多かったのです。

そんな環境でしごかれまくった結果、いき着いた結論があります。

分厚い企画書に面白い企画は1つもなかったのです。

面白い企画はいつも薄い企画書でした。

実際には分厚くて文字がビッシリの企画書は、読み飛ばされていることがほとんどです。

分厚さというのは自己満足であり、自信のなさの裏返しだったのです。

企画書と本は同じです。

本は企画書そのものです。

著者にとっても、分厚くて文字がビッシリの本を書くのは責任逃れができて楽チンです。

「○○だ」と言い切らずに、「○○かもしれないし、△△かもしれない。みんなそれぞれが正しい」と責任逃れをすれば、すぐに3倍の分厚さになります。

「初めて原稿を書きました！　さあこれを本にしてください」と張り切って出版社に原稿を持ち込んでくる人たちが編集者を一番困らせるのは、つまらない上に原稿の量が膨大すぎるからです。

それだけで読んでもらえなくなります。

歴史に名を残す天才たちの童話や詩集はいずれも文字量が少ないのです。

文字量が少ない本ほど内容が濃い。
童話や詩集で天才の頭脳にじっくり触れる。

37

最も効率的な読書力のつけ方

良書と悪書という表現を使う人がいます。

それが良書なのか悪書なのかは人によって違いますから、良書か悪書かというのは絶対的な物差しではありません。

ある人にとっては良書であるものが、別の人にとっては悪書になり得ます。

また良書か悪書か論じる前に、本を読まないことには何も始まらないということです。

自分にとっての良書を見極めるには、圧倒的多数の本を読む以外に方法はありません。

自分が気になった本を片っ端から読み続けていると、良書を選別する目利きが発達してきます。

慣れてくると書店にふらりと入っただけで、気づいたら自分に必要な本の前に立っているようになります。

この域に達するためには、1年間毎日書店に通い続けて、毎日気に入った本を最低1冊買って帰ることです。

書店員さんすべてと顔見知りになって、本の位置もすべて把握して、いつでもアルバイトとして即戦力になることができるレベルです。

自分に必要な本が、平積みされている有名な本であるとは限りません。棚に1冊だけ差し込んである本がやたらと気になって仕方がない、というレベルに達するようになってようやく一人前です。

平積みの人気本よりひっそりとそこにある棚差し1冊。運命の本は、きっとそこにある。

38

好き・嫌い・初めての著者3冊でテーマを深掘り

仕事では定められた期限内に、ある程度の知識を身につけておかなければならないことがあります。

中には「大至急頼む」という無理難題もよくあることです。

仕事である限り、その期待に応えなければならないこともあります。

そんな時に片端から膨大な本を読み進めたところで、いくら時間があっても足りません。

真面目な人ほどイチから熟読して勉強してしまいます。

その結果、時間切れになってゲームオーバーです。

社会人になってからの遅刻は永久追放と考えてください。

限られた時間内に良質のインプットをするコツがあります。

その分野の本で自分が読みやすいと感じたものを3冊だけ買います。

3冊の内訳は「好きな著者」「嫌いな著者」「初めての著者」がオススメです。

強調しておきますが、難しくて読みづらくて生理的に合わないものはダメです。できるだけ薄くて文字数が少ないものがオススメです。薄くて文字数が少ないものはそれだけ要点がつかみやすいからです。

3点のまったく違った光の当て方に触れることによって、必ず別の新しい光の当て方を見つけることができるようになります。ちょうど三角形の重心を探っていくイメージです。

1冊目に「好きな著者」を読んでおけば、2冊目と3冊目は1冊目の半分以下の時間で、しかも深く読めます。

著者の違う3冊を読んでみるとグンと深掘りできる。
「好きな著者」「嫌いな著者」「初めての著者」

39

インプットの質は必ず量の上に成り立つ

本があまり好きではない人の口癖に、「読書というのは量ではなくて質でしょう」というものがあります。

確かに読書は質が大切です。

ところが質の高い読書をしている人は、必ず圧倒的な量の読書をしています。

知の巨人といわれた故井上ひさし氏の蔵書数は20万冊以上、故渡部昇一《わたなべしょういち》氏は15万冊以上だったといわれていますし、現在だと出口治明《でぐちはるあき》氏や佐藤優《さとうまさる》氏も読書家で知られて汗牛充棟《かんぎゅうじゅうとう》であることが容易に想像できます。

まるでプライベート図書館を所有しているみたいです。

15万冊や20万冊と聞くと想像を絶するものがありますが、いい仕事をされている人はみんな圧倒的な量をこなしているのは共通しています。

量と質は相反するものではありません。

量と質は比例するものです。

圧倒的な読書量をこなさなければ、質の高い読書ができるようにはなりません。

「自分は限られた良書を繰り返し読むタイプ」という人は、実は読書しない人です。

良書か否かは膨大な量の本を読まなければわからないからです。

世界には膨大な本があって、日本だけでも1年間に7万冊以上の新刊が出続けているのです。

あなたにとっての良書も無限に存在するのです。

良書を繰り返し読んでいる人たちは、例外なくみんな膨大な読書量だったのです。

たくさん読むことと繰り返し読むことは矛盾しない。
繰り返し読んでいる人は例外なくたくさん読んでいる。

40 本から学べなければ何からも学べない

「自分は人から学ぶ主義で、本は読まない主義だ」と言う人がいます。

本当はその人は、人からも学んでいません。

世の中には本と人の両方から学べる人と、本からも人からも学べない人しかいません。

実は本と人は同じなのです。

本はそもそも人が書いたものであり、その人の分身です。

本から学ぶことができないと平気でのたまっている人は、その矛盾に気づくべきです。

ある人に会って話をしたいとします。

その人が出している本や発信しているブログをすべて読んでから会った場合と、何も読まずに会った場合とでは、学べる質と量が最低でも1万倍違ってきます。

質100倍×量100倍で1万倍です。

本を読まずに出逢ってしまったら、「こんにちは」「よろしく」というお決まりの社交辞令を交わして、今後の人生においてはその他大勢の一ファンとして数えられて終わりです。

厳しいようですが、これがすべての人生の縮図です。

「自分は人からしか学ばない」と主張する人は、実は下ごしらえなしで人と会って相手から膨大な時間泥棒をしているに過ぎないのです。

大好きな人の本をすべて読んでいたら、きっと出逢う時がやってきます。

その時チャンスをつかむための超具体的な質問を用意しておきましょう。

会いたい人が本を出していたらチャンス。
全巻読破して出逢った時にいい質問ができる。

41 乱読をしても睡眠中に整理され染みこむ

「乱読してても頭がゴチャゴチャになって、結局は何も残らないのではないか？」と質問する人がいます。

それに対する回答は明確で「間違いなくゴチャゴチャになります」です。

僕もいろんなジャンルの膨大な本を読むことによって、頭の中がゴチャゴチャになり続けました。

それでも気にせずに読み続けていくと、不思議な経験をしたのです。

ゴチャゴチャが限界点に達した直後に、急に今までの情報が整理整頓され始めたのです。

それは、人とコミュニケーションをしている瞬間でした。

相手から質問を投げかけられて即答を求められた際に、過去に読んだ膨大な読書量のゴチャゴチャの中から自然に最高のフレーズがニョキニョキッと芽を出したのです。

次の瞬間、相手は絶句していました。

ゴチャゴチャが繋がったのです。

情報が日々の睡眠中に整理整頓されると、最終的には知恵になります。

どこの誰が書いていたのかなんてとっくに忘れていますが、圧倒的な量を読み続けていると別の誰かが繰り返し書いてくれていることに気づかされます。

同じことに無数の角度から光を当ててもらうことによって、睡眠中に記憶に刻まれ続けていくのです。

いくら読書のし過ぎでゴチャゴチャになっても、健康的に熟睡し続けていれば大丈夫です。


人間の脳はあなたが考えている以上に偉大。

どんなに乱読しても睡眠中に情報を整理整頓してくれる。

42 本の帯から流行のエキスをいただく

マーケティングで行き詰まったら書店に飛び込みましょう。

これは経営コンサルティング会社時代に僕がよく使っていた方法です。

何かいい言葉を探したい時には、お気に入りの書店に飛び込んでベストセラーをざっと眺めてたくさん言葉のシャワーを浴びます。

ピンとこない場合には、女性コーナーや出産コーナー、占いコーナー、受験コーナーなど、普段立ち寄らないようなコーナーにも積極的に足を運びました。

それぞれのコーナーに新刊が並んでいますから、最新の流行をつかめます。

最新の流行のエキスは、本の帯に印刷されているキャッチコピーに詰まっているのです。

帯を片っ端から読んでいくだけで、今まで気づかなかったことにハッと気づかされるのです。

本の帯に対して料金を支払わなければならないくらいです。

ちょっと考えてみれば、本の帯のキャッチコピーが気づきのヒント満載なのは当たり前です。

出版社が少しでもたくさん売れるようにと、その書籍の中でも上澄《うわず》み中の上澄みの言葉のエッセンスを抜粋してあります。

あるいは内容以上に内容を表現している短い言葉を掲載してあります。

まさに、その本の知恵の出汁《だし》の一滴を帯が表現しているのです。

本の帯はマーケティングのエッセンス。
帯を買うために本を買うくらいでちょうどいい。

43 ゆっくり読むと速く読める

速読ができたらかっこいいし、頭がよくなったように感じます。

ひょっとしたら、速読ができることによって、人生が本当に変わるかもしれません。

速読術として僕が辿り着いたある結論があります。

それはゆっくり読むようにすると、結果として速く読めるようになるということです。

「速く読まなくてはいけない」と焦ると、内容が頭に入らない上に遅くなります。

カフェに行っても電車の中で本を読んでいても、周囲から「あの人本読むのが遅い人だな」と思われていないかとビクビクしなくてはいけないから、余計に頭に入りません。

それでは本末転倒です。

周囲の目が気になるのであれば、1人の時に自分のペースで好きなように読んでいけばいいのです。

むしろ、ゆっくりと読むんだということで内容に入り込んだほうが、結果として速く読むことができます。

数をこなしていきながら様々なジャンルの知識が身についてくると、否が応でも読むスピードは速くなります。

膨大な読書をして、仕事ができるようになって、社会的にも成功すると本を読むスピードなんていちいち気にしなくなってきます。

成功すると自分の時間を自分で好きなようにコントロールできるようになるからです。

速読に憧れている人は、スピードではなく、周囲の目を気にしていたのです。

速く読めるようになりたいのか。
速く読めないとカッコ悪いと思われるのが怖いのか。

44

会いたい人の本をすべて読むと会った時にチャンスをつかめる

その他大勢の一ファンとしてではなく、著者ときちんと出逢いたい場合はどうすればいいのでしょうか。最近はＳＮＳを通して人気作家にも直接アプローチできるようになりましたが、だからこそ知っておいたほうがいい知恵があります。

僕自身がやってきたことですが、その著者が出している本をすべて読んでおくことです。

自分が興味のあるジャンルしか読まないようでは、その著者が本当に好きであることにはなりません。

たとえば１００冊の本を出している著者がいたとします。

あなたが将来自分の仕事で実績を残し、その著者と会える機会がやってきたとします。

その時に「先生の本はほとんど読んでいます」と言う人や「先生の本を10冊以上は読んでいます」と言う人がいます。

この人たちの共通点は、ちょっと自慢気にふんぞり返っていることです。

「ありがとうございます」という返事を期待して沈黙して待っています。

これでチャンスを逃します。

本当に会いたい人がいるのなら、今からその日がくることを想定して1冊の例外もなく完璧に読み込んでおくことです。

やがて出逢った時に開口一番こう言うのです。

「先生の本は100冊すべて読んでいます。この一言を伝えるために今日までがんばってきました」と。

これで相手は完全にノックアウトされます。

SNSの浸透でチャンスを活かせる人と逃す人は二極化してきました。

そんな時代に出逢いを創っていくというのは、こういうことなのです。


好きな人の書いた本はすべて読む。

売れなかった本にこそ、エネルギーが詰まっている。

Senda's Recommend Books

日々伸び続ける「勉強力」が身につく3冊

1 『学問のすゝめ』

福沢諭吉／三笠書房

言わずと知れた福沢諭吉のベスト&ロングセラー。現代で置き換えると1,000万部セラー以上のインパクトがあったのでしょう。さすがに内容は充実しており、未だに古さを感じさせません。勉強するのはきちんと自立して自由になるためであり、貧乏で卑しくならないためです。

2 『ビジネス版「風姿花伝」の教え』

森澤勇司／マイナビ

『風姿花伝』とは世阿弥が後継者のために遺した秘伝の書です。これは大袈裟ではなく、ずっと秘匿されてきて、家康と能楽の後継者しか知ることが許されませんでした。学界で発表されたのは明治になってからです。本書は現代版に実践的に翻訳した名著。学びの加速度が増します。

3 『哲学用語図鑑』

田中正人／プレジデント社

とにかく本書は買ってください。手元に置いておくだけでもいいので即買いです。今世紀中に本書を超える哲学用語集は出ないだろうと思える圧巻です。哲学はあらゆる学問の礎で科学も政治も宗教も教育も倫理も全部哲学です。読書中にわからない哲学用語が出てきたら本書の出番です。

第5章
本が磨いてくれる結果を出す「仕事力」

All I Really Need to Know I Learned at the Bookstore.
88 Ways of Reading You Wish to Know in Your 20's
— chapter 5 —

45「なぜ、その本を選んだのか」がマーケティング

マーケティングという言葉はすっかり馴染《なじ》んできましたが、その意味をちゃんと説明できる人はとても少ないです。

説明できないということはわかっていないということであり、わかっていないことは絶対に仕事で活かせません。

マーケティングというのは、数ある商品の中からお客さんに「うわっ！　これ欲しい」と思わせるきっかけを提供することです。

「まあ欲しい」でもなければ「割と欲しい」でも「それなりに欲しい」でもないのです。

「うわっ！」というのがマーケティングです。

あなたは膨大な数の本の中から「うわっ！」という本を選んだはずです。

そうでなければ、わざわざお金を払ってまで読むのに時間のかかる本を買わないからです。

つまり、内容を読む前の段階から、買ったという行為それ自体ですでに元を取っているのです。

自分の「うわっ！」という感情を、きちんと思い出して仕事に活かすのです。

マーケティングの勉強はすべての人に必要です。

企画室の人や営業部の人だけではありません。

製造部や総務部、人事部、経理部の人にこそ必要です。

アルバイトやパートタイムで働いている人こそが必要です。

関わる人たちに「うわっ！」と喜んでもらえるようにしていくと、すべての仕事が面白くなります。

「うわっ！」と喜んでもらいたくないような仕事はいっさいやめましょう。

「うわっ！」と喜んでもらいたくないような人生はもう卒業しましょう。

あなたが膨大な本の中からなぜ選んだのかを考えよう。自分を知ることが真のマーケティングのスタートだ。

46

当事者意識・問題意識を明確にして読む

読書に限りませんが、日常に起こったことを他人事としてではなく、自分事として捉えていく癖を人生の早い時期でつけておくとお得です。

「痛い人だな」ではなく、自分ならあの状況でどうするだろうかと考えるのです。

「バカだな」ではなく、自分もやりかねないなと冷や汗をかくのです。

怒鳴られている同僚がいたら、隣の部署の自分が怒鳴られていると思って涙するくらいでちょうどいいのです。

顰蹙《ひんしゅく》を買っている人を見たら、まるで自分が顰蹙を買っているような気分に浸《ひた》れることが伸びるビジネスパーソンには必須です。

この積み重ねが30代以降で雲泥の差になります。

1冊の本から1しか気づけない人と100気づける人がいます。

1しか気づかない人は、傍観者として他人の背中に隠れながら人生を生きてきた人です。

１００気づける人は、当事者としてリスクを背負いながら人生を生きている人です。

１しか気づけない人と１００気づける人とでは、読む本の値打ちがまるで違ってきます。

気づく力は、その人が背負っているリスクに比例します。

リスクとは当事者意識のことです。

会社という組織では、当事者意識の強いもの順にポジションが高く給料も高いのです。

当事者として読むと、お値打ちになる。
傍観者として読むと、割高になる。

47

ハズレ本を当たり本に変えられるのが知性

人の話を聴いて「つまらない」と言う人がいます。

本を読んで「つまらない」と言う人がいます。

その人は知性がない人です。

知性のある人は、１００人中99人が「つまらない」とそっぽを向いてしまうものを、「これは面白い！」と飛び込んでいくことができます。

当たり前でありきたりのことに対して、当たり前に解釈しないことが知性のある人の特徴です。

本を読むということは、世の中から「当たり前」と「つまらない」をなくしていくことです。

だから、本を読んでいる人はいつも謙虚です。

本を書いている著者は自分の専門分野において、普通の人なら見過ごしてしまいそうなことをわざわざ立ち止まってねちっこく考え続けています。

「当たり前」「つまらない」は感謝を忘れている人の口癖です。

「ありがとう」の反対は「当たり前」「つまらない」です。

どうでもいいように見えることから、「ありがとう」と感じる瞬間に宇宙の真理に近づいていくのです。

りんごが木から落ちる瞬間を見た人は地球上に何万人もいたはずですが、すべての人にとってそれは「当たり前」で「つまらない」ことだったのです。

ところが「当たり前」とも「つまらない」とも思わずに、絶叫した人が1人いたのです。

イングランドの哲学者であり神学者であり数学者であったアイザック・ニュートンでした。


頭がよくなるということは人生が面白くなるということ。

本を読むほど「つまらない」が「面白い」に塗り変わっていく。

48 勝手に読み間違えていく人がどんどん挑戦し成功していく

学校の国語のテストでは、「正解は絶対にこれ以外認められません」と決められていました。

確かに模範解答は正しいのです。

誰もが反論の余地のない正解です。

ところが不思議なことに、模範解答を選んで○をもらうために生きている人たちは揃いも揃ってあまり幸せそうな顔をしていないのです。

反対に、好き放題に読み間違えている人たちはみんな幸せそうな顔をしています。

大人の国語では読み間違えたもの勝ちです。

「どこにもそんなこと書いていないのに……」と、著者から叱られてしまいそうな解釈をして勝手に1人で興奮してアクションを起こす人が成功します。

これはセミナーでも同じです。

セミナー講師が話している内容とまったくかけ離れたことを思いついて、心臓の鼓動が高ぶって思わず動き出してしまう人が成功します。

著者や講師に対して「根拠は何ですか」という質問をしてしまう人は、その都度チャンスを逃しています。

「根拠は何ですか」という質問をする人はふんぞり返っています。

著者や講師に何時間教えてもらっても根拠は永遠にわかりません。

根拠なんて自分で行動して痛い目に遭ってからしかわからないからです。

それよりは勝手に自分流に勘違いして、どんどんチャレンジしていくことです。

人生は勘違いしたもの勝ち。
勘違いし続けることがその人の才能だ。

49 本に書いていないことをあえて「提案」すると実力がつく

読書すると、とてつもないアイデアに出くわします。

もちろん、それをそのままクライアントに提案したくなる気持ちを抑えられないのはわかります。

初期の段階では、そっくりそのまま提案してみてもいいでしょう。

成果もそこそこ挙がるはずです。

ところが、必ず途中で成果が出なくなる瞬間がやってきます。

なぜなら、人間はすぐに飽きる動物だからです。

1回目の感動は2回目には半分になり、3回目にはさらにその半分の4分の1になってしまいます。

4回や5回繰り返すと、どんなに鈍感な人でも相手に飽きられたことを痛感することになるでしょう。

だから本のアイデアを真似する時には、次の提案の付加価値となる内容を事前に考えておくことです。

それをサボると、永遠に模範解答を探し続ける人生で終わってしまいます。

模範解答を探し続ける人生は、疲れる上に虚しくなってきます。

本を積極的に読んでいくことは絶対に必要ですが、それに自分流のアレンジをしていくために、知恵を絞る訓練も同時にやっていくことです。

経営コンサルタントたちは例外なく勉強熱心で猛烈な読書家ばかりですが、「これをそのまま提案してはいけないな」という確認のために読書するのです。

より付加価値をつけて世の中に還元していくことが、巡り巡って著者に対する恩返しになります。


感動したら、そのまま真似するのをグッと堪《こら》える。

グッと堪えて知恵を絞ることが一生モノの宝になる。

50

「納得してみよう」とすると仕事がうまく回る

人は成長すると納得できるようになります。

納得できないうちは未熟者の証拠です。

「納得できない」と言っている人は、いつも貧しくて傲慢な人だと相場は決まっています。

「納得できない」と言っている人は、教えてもらう立場なのにふんぞり返っています。

反対に「納得してみよう」という姿勢の人はいつも豊かで謙虚な人です。

世の中は「納得したもの勝ち」です。

「納得してみよう」という姿勢で生きていくと、周囲がみんな先生になって親切に教えてくれるようになります。

人生はゴルフ場と同じで、教わる人よりも教えたい人のほうが圧倒的に多いのです。

社会人が学生時代と決定的に違うのは、教えている先生が教わっている生徒よりも偉いとは限らないということです。

社会では、先生より遥かに成功している生徒がたくさんいます。

正確に言えば、成功している人は生徒になることができる人だということです。

いつでも生徒になることができる人は、とてつもない知恵が集まってきます。

そして、いつでも生徒になることができる人は、例外なく猛烈な読書家なのです。

読書家は本を読む際に、「さあ、今回も納得してみよう」と思い続けているからです。

読書をすると人は謙虚になる。
「さあ、今から納得させていただきます」と感謝するから。

51 本を1冊の企画書として見立てる

本は企画書そのものです。

著者のメッセージを読者に手を替え、品を替え、伝えていきます。

企画書も究極はたった1つのメッセージを伝えるための手段です。

すべてのビジネスパーソンは企画を考えなければなりません。

企画を考えることがすべてのビジネスパーソンの仕事です。

企画室や経営戦略室に配属されている人たちだけが企画を考えている会社は潰れます。

伸びている会社は、総務部も人事部も経理部も全員企画を毎日考えています。

社長や役員や管理職だけが企画を考えている会社は潰れます。

伸びている会社は正社員だけではなく、パートタイムやアルバイトで働いている人たちも毎日企画を考えています。

仕事とは、企画のことです。

企画とは、関わる人たちを昨日より幸せにすることです。

幸せにしたいと思わない人は、企画に向いていません。
つまり、仕事していないことになります。
本を、改めて著者からの企画書と見立てて読んでみてください。
無限に学ぶことが発生してこないでしょうか。
人を不幸にするための企画書はこの世の中に、1つもありません。
必ずどこかの誰かに幸せになってもらいたいから企画書は存在します。
幸せの与え方を本から学びましょう。

企画書を覗《のぞ》かせてもらうつもりで本を買うと驚くほど安い。
企画書を読むつもりで本を読むとスイスイ頭に入る。

52

自分でもタイトルを考えると本質を衝く能力がつく

本を読み終わったら、ぜひ一度考えてみて欲しいことがあります。

それはあなたがこの本のタイトルをつけるとしたら、どんなタイトルをつけただろうかと考えてみることです。

本のタイトルはたいてい出版社が考えて決めます。

必ずしも内容にマッチしたものではないのは、出版社にとって1冊の本を世に出すのは新車1台分くらいのお金を投資しなければならないからです。

投資である限り回収しなければ会社は即潰れます。

だから、あなたもギリギリのテンションで闘っている出版社の社員たちになったつもりで、真剣に考えてみて欲しいのです。

仕事ができるようになるためには、本質を衝《つ》く能力があると鬼に金棒です。

本質を衝く能力を磨くために、ビジネススクールに通ったりロジカルシンキングの本を読み漁ったりする人がいます。

自己啓発として割り切っているならいいでしょう。

でも本気で本質を衝く能力を磨きたいのであれば、すべてにおいて当事者意識を持って考える癖をつけることです。

だから、どんなに有能なサラリーマンコンサルタントよりも、命をかけている中小企業の経営者のほうが本質を衝く能力は上です。

当事者意識が違うからです。

出版社が命がけで考えるタイトルを、あなた自身が当事者意識を持って考えることは最高のトレーニングになるのです。

本質を衝く能力を磨くと仕事ができるようになる。
本質を衝くためには当事者意識の達人になること。

53 カバーデザイナーを調べると デザインの必然が学べる

ベストセラーを買ったら、必ずカバーをデザインした人は誰なのかを調べてください。

カバーが魅力的だというだけでベストセラーになることはありませんが、カバーに魅力のないベストセラーはまずありません。

ベストセラーがベストセラーになった所以《ゆえん》は、カバーによるところも大きいのです。

正確に言えば、タイトルとカバーはマーケティングです。

タイトルとカバーに魅力がなければ、どんなに優れた内容であっても手に取ってさえもらえないのです。

手に取ってもらって立ち読みをしてもらい、買うか買わないかの最終決断のクロージングの場面で初めて内容の質が問われるわけです。

このカラクリを知っておくと、本におけるカバーデザインの重要性がよりわかってもらえるはずです。

そして、デザイナーの名前を調べていくうちにあなたは驚くはずです。

ベストセラーのカバーデザイナーは、たいていごく少数の同じ人物だということです。

つまりデザインの世界においても、偶然売れたということはないのです。

そこには必ず売れる理由があるのです。

数値的な左脳的分析によるマーケティング調査のみならず、デザイン的な右脳的分析によるマーケティング調査をしていくと、見えないものが見えてくるのです。

> **売れるデザインに偶然はない。**
> **そのことを右脳で理解する。**

54

出版社をSWOT分析してみる

その年のベストセラーと呼ばれているものベスト10の出版社を調べてみてください。

好奇心が旺盛な人は、ここ3～5年のベスト10も調べてみるといいでしょう。

面白いことがわかります。

ベストセラーを毎年複数出している出版社はたいていい決まっているのです。

これはすごいことです。

毎日新刊が200冊以上出されており、年間にして7万冊以上出版されている中で、毎年ベスト10を出し続けているというのは運ではなくて実力です。

しかも、必ずしも規模に関係ないことにも気づきます。

ごく小さな出版社からでもベストセラーは出されているのです。

出版社のブランドで選ぶのではなく、純粋に本という商品そのもので読者は購入を決めているということに他なりません。

市場は公平です。

この業界を知ることは世の中の動きを知ることにもなりますから、ぜひ自分の本棚に並んでいる出版社ごとのSWOT分析（S：長所、W：短所、O：機会、T：脅威）をしてみてください。

出版社ごとに特性がわかるようになると、本を選ぶ際に楽しみがまた増えます。

「最近この出版社はカバーがお洒落《しやれ》になってきたな」と感じたところは、たいてい社長が交代しています。

「ここ数年退屈でダサい本ばかりで数合わせだな」と感じたところは、たいていワンマン経営で業績が傾いています。

競争が熾烈《しれつ》な出版業界から学ぶことは盛りだくさん。
翻《ひるがえ》って自分の業界や目の前の仕事にどう活かせるだろうか。

55 裏メッセージを洞察する

あまり知られていませんが、ベテラン作家になると裏メッセージを作品に忍ばせます。

裏メッセージがひそんでいるのは、何も恋愛小説や推理小説に限りません。

思想書には焚書《ふんしょ》になるものも多く、それらをくぐり抜けて風雪に耐えてきた本は名著です。

僕は大学時代に裏メッセージの事実を知り、自分も将来本を書くようになったらそうしようと心に決めました。

僕はこれまでに170冊以上の本を出してきましたが、当初の予定通りすべての本に裏メッセージを忍ばせてあります。

これまで誰にも指摘されたことはありませんが、今回この事実を公開したので裏メッセージに気づく人は増えるでしょう。

なぜわざわざ裏メッセージのような遠回しな表現を駆使するのかといえば、そうでもしなければ出版できないからです。

命がけで書いている作家たちはどこかで一度は発禁処分を受けています。

ここだけの話、発禁処分を経験した作家が本物のプロです。

僕も発禁処分を受けたことがありますし、サラリーマン時代にも「キミの文章、怖いんだよね」と代表取締役に個別で呼び出されて言われたことがあります。

そんなの当たり前です。

僕は命がけの文筆家として生涯をまっとうすると決めているからです。

裏メッセージを洞察するためのテクニックはありません。

今のあなたが命がけで勝負していれば、あとは虚心坦懐に読めば自ずと気づかされます。

> 読みながら別のことがひらめいたらそれが裏メッセージだ。
> 今、この瞬間を本気で生きている人にだけ裏メッセージは宿る。

Senda's Recommend Books

一生困らない「仕事力」が身につく３冊

1

『仕事の哲学』
ピーター・F・ドラッカー／ダイヤモンド社

僕自身の経験では、もし本書を読んでいなかったら稼ぎが1億円は減っていたと思うくらいの良書でした。仕事能力とは圧縮力と解凍力の連続であることも本書から学びました。圧縮力とは無駄を削ぎ落として本質のみ残すこと。解凍力とは圧縮された1から100のアイデアに拡げること。

2

『売れる作家の全技術』
大沢在昌／角川書店

直木賞作家が小説家志望者たちに行なった講義録。文筆で生計を立てている人なら誰もが気づかされることがあります。税務署で作家は養殖業と同じ扱いなのです。そのくらい不安定で当たり外れが大きいと思われています。そんな厳しい世界の心構えは職業を越えて参考になるはずです。

3

『ミライの授業』
瀧本哲史／講談社

本書は「一歩突っ込んだ偉人伝」です。歴史を変えた偉人たちの意外に知られていない真実が中学生用に書かれています。ただしその内容は濃く、あなたの脳裏に深く刻まれるでしょう。本書自体が“一流の仕事の結晶”であり、少し深く知れば大差がつくことを教えてくれています。

第6章

本が導いてくれる
お金の不安から自由になれる
「経済力」

All I Really Need to Know I Learned at the Bookstore.
88 Ways of Reading You Wish to Know in Your 20's
— chapter 6 —

56 本から得たお気に入りの言葉を見込み客にプレゼントする

この世の中で最高のプレゼントは時間と言葉です。
すべての人が毎日死に向かって生きています。
すべての人の致死率は１００％であることは疑いありません。
限られた人生の時間を削るほど貴重なプレゼントはありません。
加えて、人を動かしていくのはすべて言葉の力です。
腕力では人を動かすことはできません。
すべての革命も戦争も言葉の力によって発生しています。

あなたの大切な命の時間を削って、言葉を書いて贈ること以上のプレゼントはこの世の中に存在しません。

読んで感銘を受けた言葉は、そのまま自分の好きな人に書いて送りましょう。
「今日読んだ本に、こんな素敵な言葉がありました。あなたに贈ります」だけで十分です。

商品をアピールし続けることだけがセールスではありません。

要らないものは要らないのです。

大切なのは、必要なタイミングに声をかけてもらえる状態にしておくことです。

そのためには、人間は損得抜きで自分に関心を持ってくれている人に、声をかけたくなるということを思い出しましょう。

この人と付き合っていきたいな、この人と仕事したいな、と感じた人に出逢ったいい言葉を送り続けるだけで、1年後には環境が大きく変化しています。

理由は「たまたまあなたの顔をふと思い出しました」でいいのです。

> 読書から得た言葉を見込み顧客にプレゼントしよう。
> 1年後には好きな人と仕事ができる環境が整い始める。

57

その年のベストセラーから琴線に触れた一言をメモしておく

ベストセラーの中には経済の動きのエッセンスが満載です。

経済というのは、人間の心理の集大成が数値化されたものです。

つまり、人間の心理が見事に反映されたものこそが、ベストセラーになっているのです。


人間の心理を把握できるようになるのは、お金を稼ぐ第一歩です。


本気でお金を稼ぎたいのなら、経営学を学ぶよりまず心理学を学びましょう。

ベストセラーと呼ばれるものから、あなたの心の琴線に触れたものをメモしていくと何か共通するものが浮かんでくるはずです。

たとえば、「心」つながりでいくと、このところメンタリストブームやエビデンス（根拠）をとてもありがたがる風潮が続いています。

これは素晴らしいことです。

日本だと心理学や教育心理学は文系になりますが、欧米では理系になります。

心理学や教育心理学を学ぶ学生たちは、高等数学を駆使しながら仮説と検証を繰り返し、実験に明け暮れる毎日を送っています。

ノーベル経済学賞も行動経済学という心理学をベースにした研究者に授けられています。

インターネットを通して誰もが本音や真実にアプローチできるようになり、若い世代にも資本主義の搾取の仕組みが露呈し、この先、年功序列や終身雇用をはじめとしたサラリーマン社会が崩壊するのは間違いないでしょう。

今後ますます人間の心理と根拠が求められる世の中になります。

このように人間の心理が見事に表現されているものが、必然的にベストセラーになっているのです。


ベストセラーには人間心理が満載。

琴線に触れたキーワードがあなたを豊かにする。

58 本にかけたお金とその人の年収は比例する

断言します。

この世の中で最も裏切らない投資は本代にお金を費やすことです。

もちろん、オーディオブックやインターネットの動画学習なども有効な投資です。

しかし、値段的な安さといつでもどこでもお手軽に繰り返し吸収できるのは、群を抜いて本なのです。

せいぜい1000円や2000円といった投資で複数のその道のプロたちが関わっている知恵に触れられるものは、本以外に存在しません。

ネットニュースや記事も情報としては有効ですが、やはり世に出すまでに費やしてきた時間が圧倒的に違います。

時間を費やしたものほど、情報↓知識↓知恵へと確実に進化を遂げています。

情報は事実の断片ですから、情報＋情報＝知識になります。

ニュースや新聞はせいぜいこの知識レベルまでであり、知識それ自体ではもはやお金になることはありません。

知識はインターネットを通して、いくらでもスピーディーかつ無料で獲得できるようになりました。

ところが、知識は有機的に結び付けなければなりません。知識×知識＝知恵は人の頭脳を通過しなければ無理です。

知恵は無限にお金になります。

その代わり時間がかかります。

手間暇《てまひま》をかけなければ生まれない本という媒体には、それだけお金になるヒントが詰まっているということです。


世に出るまでに時間を費やされた分、知恵の価値は高い。

情報と知識は無料だが知恵の価値は上がり続ける。

59 本の買い過ぎで貧乏になった人はいない

どんなに本を買っても高《たか》が知れています。

本に限らず自分の頭脳への投資は間違いなくこの世で最強のローリスク・ハイリターンです。

仮に毎日1冊ずつ本を買ったとしても、1ヶ月で1500円×30日間＝4万5000円。

それでは自己破産してしまうという人は、週に1冊にすれば1ヶ月で1500円×4週間＝6000円です。

電子書籍でもオーディオブックでも動画学習でも自分に合ったものが一番ですが、頭脳への投資を毎日せっせとして、出世したり成功したりすれば一瞬で元は取れます。

週に1冊でも年間52冊、1日1冊なら年間300冊以上読破できます。年間1冊もまともに読まなかった人とは、とてつもない差が生じます。

もはやコミュニケーションがまともに取れなくなるほどの差です。

本を読んできた人と読まなかった人とでは、せいぜい朝の挨拶を交わす程度の関係の構築が精一杯でしょう。

いったんこの差がついたら、溝を埋めるのは困難です。

社会人になったらできるだけ人生の早い段階で、年間300冊のグループに所属しておくことをオススメします。

僕は今まで1万人以上のビジネスパーソンたちと仕事をしてきましたが、本の買い過ぎで貧乏になったという人はただの1人もいませんでした。

その代わり、本を読んだことがないという人には貧乏がたくさんいました。


1日に1冊、難しければ週に1冊本を読む。

1年後には、とてつもない差が生まれる。

60 お金持ちが書斎を持つのではなく書斎を持つからお金持ちになる

多少無理してでも自分の書斎を持つと年収が増えます。

大人になってから自分の書斎を持つのは、子どもの教育にもいいのです。

たいていの家庭では、子どもの部屋はあっても両親の部屋はありません。

だから、いつもリビングのソファに横になってテレビを見ているのです。

これは子どもの教育に対しては最悪です。

子どもは「自分はあんな大人にはなりたくない」と思いますし、何よりも憧れることができないような両親を尊敬できるはずもありません。

「大人になったら悲惨だな」と思わせるための教育をしているようなものです。

逆に親が書斎を持つと、子どもは憧れるようになります。

「自分も大人になったらあんな書斎が持てるようになりたい」と思うのです。

実際に書斎で１人の時間を確保している人たちは、出世してお金持ちになっています。

「そんなこと言われても、どうしても家にはスペースがない」という人も大丈夫です。

4畳半の学生マンション程度なら、ポケットマネーで借りられるところが必ず見つかります。

実際に書斎代わりに学生アパートを借りているサラリーマンは増えています。

実はこれこそが最高の投資となって、将来利息をつけて跳ね返ってくるのです。

無理してでも「知恵の倉庫」である書斎を持つ。
宝くじを買うより1億円をゲットできる確率が遥かに高くなる。

61

金持ち本を真剣に実行すれば本当にお金持ちになれる

「お金持ちになるための本をいくら読んでも、著者がお金持ちになるだけだよ」と、よく言われます。

これは嘘です。

お金持ちになる本には、本当にお金持ちになるヒントが満載です。

この出版不況の中、インチキなお金儲け本を出そうものなら世間から一瞬で抹殺されてしまいます。

お金持ちになる本を虚心坦懐に読むと、大切なことを教えてくれています。

僕が大学生の頃に膨大な本を読み進めていくうちに確信したのは、「お金持ちになるかはわからないけれど、一生お金に困ることはないだろうな」ということでした。

なぜかというと、自分をこんなに幸せにする言葉をたくさん吸収しておけば、社会人になってからも人を喜ばせるのが仕事の本質なのだから困らない、と思ったからです。

考えてみれば、すべての職業は「人を幸せにすること」「人を喜ばせること」に集約されます。

そのくらい言葉の力には価値があると確信していました。

僕も今までお金持ちになる本を、少なく見積もっても５００冊以上は読んできたはずです。

「あなたは自分の何を通して人を喜ばせるのかを考えなさい」ということを、５００通りの方法で表現してくれていました。

これを真剣に考え続けて実行している人は、本当にお金持ちになることができるのです。


周囲の目を気にせず「金持ち本」を貪り読もう。

自分なりの方程式がきっと見つかるから。

62

いつも群がっている人は真の成功者にはなれない

成功したかったらまず群れないことです。

群れている人にお金持ちは1人もいません。

サラリーマンがお金持ちになれないのは、サラリーマンだからではありません。

いつも羊のように群がっているから、お金持ちになれないのです。

成功者は、いつも1人でいるか、例外的に2人でいる時には素敵な異性と一緒です。

「1人になると寂しいのではないか」という疑問は間違っています。

成功者は1人で行動しているだけで、ちゃんと信頼できる親友がいるのです。

だから、いつも堂々と1人で行動することができるのです。

群がっている人たちは、心底信頼できる親友がいないために24時間365日ずっと不安で仕方がないのです。

だから、数で寂しさを紛らわさなければなりません。

いったい成功者は1人で何をしているのでしょうか。

本を読んでいるのです。

本を読んで常に自分の活かし方を考え、気づきを得ているのです。

群がっていると、本を読むことができません。

同じくらいの年収で、同じくらいの役職で、同じくらいの発想の人間同士がいくら群がって騒いでいても、何も学ぶことはありません。

最後は「どうせ人生なんてこんなもんだよな」と傷を舐《な》め合って終わるのです。


群れから抜け出して本を読もう。

そのための1人の時間を必ずどこかで捻《ねん》出《しゅつ》しよう。

63

お金が足りずに本が買えない悔しさを知っておく

人生で何がつらいといって、お金が足りずに本が買えないことほどつらいことはありません。

僕は大学生の頃、何度かこの経験をしています。

死ぬほど買いたい本があるのに、財布の中のお金が10円足りない。

床に寝転がってのたうち回るくらいに苦痛です。

「この本の値段設定はおかしいのではないか」と真剣に書店や出版社にクレームを言いたくなる衝動に駆られます。

こんなにつらい思いをしなくてもいいように、きっと将来は好きな本を好きなだけ買うことができるようになるぞ、と強く誓いました。

高級車は生涯要りません。

住む場所なんて最低限でいいです。

食べるものもすべて自炊で幸せです。

身につけるものは最低10年は大切に着用します。

これは学生時代から今日までまったく変わらない僕の価値観です。

究極はすべての可処分所得を本代に費やすのが僕の幸せです。

名もなく貧しい学生時代に、お金がなくて食事ができないことや学費が納められないことよりも、欲しい本を買うことができなかったつらさを忘れることができません。

今でも悪夢にうなされて汗ビッショリになって目が覚めるのは、書店で欲しい本をレジに持って行ったのに、財布のお金が10円足りなかったあのシーンなのです。


お金がすべてではないからこそ、お金持ちになろう。

好きな本を好きなだけ買うことができるように。

64 知恵が溢れ出すとお金が集まらないようにするのが難しい

人は知恵のあるところに一極集中します。

これは世界共通です。

そして人はお金を運んでやってきます。

魚は泳ぐことでレゾン・デートル（存在意義）を表現するように、鳥は飛ぶことでレゾン・デートルを表現するように、人は知恵によってレゾン・デートルを表現します。

裸の人間は、すべての動物の中では肉体的に決して強いほうではありません。

我々人類は唯一、頭脳によって地球上の他の動物を支配することができました。

つまり同じ人間同士でも頭脳の格差によって、序列を決めていくようになっているのです。

頭脳の格差とは、筆記試験の点数の差ではありません。

「いかにして多くの人に幸せを提供することができるか」の一点です。

その一点に人がお金をドッと運んでくるのです。

一度、「この人の頭からは知恵が次から次に溢れてくる」と認知されると、知恵が続く限り人とお金の流れは途絶《とた》えることがありません。

噂が噂を呼ぶように、お金がお金を呼んで流れ込んできます。

知恵が溢れる人にとっては、人とお金が集まらないようにすること自体がもはや難しくなってくるのです。

知恵を溢れさせるためには、知恵の宝庫である本を貪り読む以外に方法はありません。


読書によってあなたの頭の中の知恵のコップを貯め続けよう。

コップから知恵が溢れ出した瞬間、人とお金が殺到する。

65

本を読み続けると、一言で人を感動させられる

人を感動させることができる量は、年収にそのまま比例します。

感動は期待の１０１％で、満足は期待の１００％です。

感動と満足はわずか１％の違いしかありませんが、その１％の差は圧倒的な差です。

わずか１％の差の蓄積が、それぞれの年収格差を10倍にも１００倍にもしていくのです。

これは自然界でも同じことが言えます。

たとえば水は１００℃で沸騰します。

99℃も同じ熱湯ではありますが、沸騰はしません。

もし99℃で熱するのを諦めてしまったら、人類は蒸気機関車を走らせることができませんでした。

蒸気機関車が走らなかったら人類の歴史はかなり変わっていました。

ビジネスにおいてもまったく同じことが言えます。

ごくわずかな差を妥協して諦めてしまっては、永遠に豊かになれません。

わずかな差が天文学的な差になる覚悟を持ってください。

100%の満足というコップからスーッと一滴の水が垂れる瞬間、それが101%の感動へと進化を遂げた瞬間です。

この1%のために人は仕事をしているのです。

この1%がなければすべての仕事は0点なのです。

この1%のために圧倒的な読書をしておくことです。

圧倒的な読書を継続していると、自分ではたいしたことを言ったつもりではなくても、勝手に周囲が評価してくれる瞬間がやってきます。

これがプロです。


100%と101%のための努力の差はごくわずか。

でも評価には無限の差がつく。

66

目標の下限年収に達したら仕事より勉強を優先する

真面目なあなたは、成長することが無条件で善だと思っていることでしょう。確かに成長することは素晴らしいことですし、できれば一生成長し続けたいものです。

ところが、残念ながら現実には成長し続けることは不可能です。

森羅万象《しんらばんしょう》は例外なく栄枯盛衰《えいこせいすい》であり、特に人類の歴史はそれが露骨です。

これまで永遠に続いた文明は存在しませんし、形あるものはいずれ朽《く》ちてなくなります。

死んだことのない人類は1人もいません。

きっと地球も宇宙もいずれ消滅するはずです。

そう考えると成長し続けるのは自然の摂理に反することがわかります。

経済力でいえば、目標の下限年収に達したら仕事より勉強に注力することです。

結果として収入も上がります。

誤解してもらいたくないのですが、収入を上げるために勉強するのではありません。教養を身につけて人生の幅を広げるために勉強するのです。

僕はサラリーマン時代に年収が６００万円を超えた瞬間、生活が一気に楽になりました。そこで仕事はそこそこにして、読書に注力しました。

大袈裟ではなく、読書の合間に仕事をするようにしました。

その結果、出逢いの質が変わり、年収が毎年1・5倍のペースで上昇し続けました。独立後は文字通り桁違いの経済力になり、ますます淡々と勉強に没頭できています。

あなたもすでにお気づきのように、限界を突破するには勉強をして幅を広げることです。

幼い頃、公園の砂場で深い穴を掘るために、あなたは広い穴を掘ったはずです。

仕事の手段として勉強をするのではない。
勉強の手段として仕事をするのだ。

Senda's Recommend Books

お金から自由になる「経済力」が身につく3冊

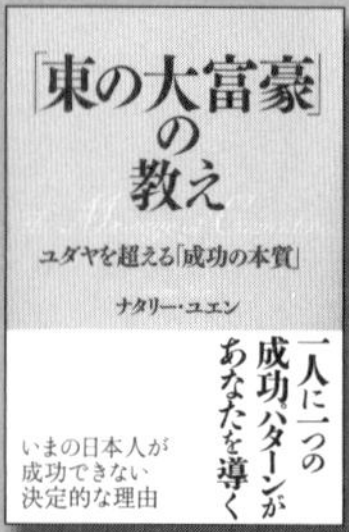

1

『「東の大富豪」の教え』

ナタリー・ユエン／経済界

紙の書籍が入手できなければ電子書籍で読んでください。『〇〇の教え』という本は数多くありますが、本書は圧巻です。僕にとってマーク・フィッシャーの『成功の掟』も名著でしたが、本書はそれを超えました。物語風でソフトな筆致ですが内容はとてつもなく深く、生涯役立ちます。

2

『1分間バフェット』

桑原晃弥／SBクリエイティブ

バフェットに関する本は多数あり、僕はすべて読んできました。しかし本書を超える本はありませんでした。抜粋されている名言はもちろん、解説も卓越しています。世界最強の投資家は彼よりも何桁も少ない資産しか運用できない投資家とは何もかもが違うのです。原理原則に忠実です。

3

『マンガでわかる シンプルで正しいお金の増やし方』

山崎元／講談社

本書には漫画ではない活字版と図解版もあり、いずれもベストセラーとなっているので、迷った方は書店で実際に手にして比較してから購入するといいでしょう。これまでのマネー本は建前が多かったり抽象的だったりしてウンザリさせられました。本書はそれらとは一線を画す名著です。

第7章

本が加速させてくれる「成長力」

All I Really Need to Know I Learned at the Bookstore.
88 Ways of Reading You Wish to Know in Your 20's
— chapter 7 —

67 運命の本はつらい時にしか出逢えない

すべてが悪循環の時こそ、読書のチャンスです。

幸せの絶頂の時には、平和ボケしているので本当の意味の読書はできません。

恋愛小説の本当の深さがわかるのは、失恋した経験がある人だけです。

モテモテで順風満帆《じゅんぷうまんぱん》の人は、恋愛小説の本当の意味はわかりません。

そもそも恋愛小説よりも実際の恋愛のほうが遥かに楽しいので、恋愛小説なんて読んでいられないのです。

恋愛に限りませんが、人生すべてにおいて、どん底の状態の時にしか運命の本に出逢えません。

あれもうまくいかない、これもうまくいかない、何をやってもダメ、もう死んでしまいたい、という時でなくては本当の読書なんてできないのです。

読書の基礎力は、名もなく貧しい頃にできます。

幸せの頂点に読書の基礎はできません。

名もなく貧しい頃に、貪るように読み続けた経験が後になって活きてくるのです。

涙にむせびながらボロボロにして読み込んだ本こそが、あなたにとって運命の本です。

人生には２つの時期があるということに気づかされます。

運命の本に出逢うラッキーな時期と、運命の本に出逢えない冴えない時期です。

運命の本に出逢えない時には、運命の女神から残念賞として平和ボケの状態を提供されているのです。

どん底の状態こそ真の読書の好機。
幸せの絶頂期に運命の本に出逢う人はいない。

68

10年前に買った本を読むと自分の成長度がわかる

10年前に読んだ本をもう一度読み返してみると、まったく違う部分に線を引きたくなります。

逆に「どうして自分はこんなところに線を引いていたのだろう?」「このページの角が折ってある意味がわからない」ということも頻繁《ひんぱん》に起こります。

つまり、10年前のあなたと今のあなたとでは別人になったということです。

身体が新陳代謝《しんちんたいしゃ》を繰り返すように、あなたの脳みそも新陳代謝を繰り返しています。

もちろん社会での経験を積んで成長したこともあるでしょう。

でも、必ずしも成長したことばかりとは限りません。

人は年齢に比例して成長するとは限らないところが現実の厳しいところです。

「10年前にはこんなに些細《ささい》なことに感動できていたのか……」

「10年前はこんなにピュアだったのか……」というサプライズもあります。

逆に10年前より感受性が衰えていることに気づかされるのです。

あなたが10年ですっかり変化したのと同様に、本も別の本になります。

昔買った本がつまらなかったからといって、本棚の奥に眠っていることがあります。

処分しようと思って引っ張り出してきてパラパラとページをめくってみると、猛烈な名著であることに驚かされる経験をします。

だから読書は奥深くて楽しいのです。

捨てる前に1分間だけ読み返してみる。10年前は見落とした運命の1行に出逢えるかもしれない。

69 夢の実現を早める読書法

学問的根拠は大切ですが、すべてにおいて学問的根拠を待っているようでは学界を除いたすべての世界で成功できません。

なぜなら、待っている間に寿命が尽きてしまうからです。

しかも、いくら人類が知恵を絞ってもこの全宇宙で解明できることはほんの一部です。

だったら、「おそらく経験上こうなのではないかな」「私はこれでうまくいきましたよ」といったビジネス書や自己啓発書を読んで、あなたがビビッ！ ときて、やる気になったことを片端から試してみるほうが成功の確率は高まります。

根拠を100％待つのではなく、30％の仮説思考で生きていく姿勢が大切です。

ひょっとしたら100のうち自分に当てはまるのは2つか3つかもしれません。

否、1000のうち1つもないかもしれません。

それでも数年後や数十年後に解明される学問的根拠を待つよりは圧倒的に成功

に近づけます。

じっと待っているのと、試行錯誤を繰り返しながら前進するのとでは、雲泥の差です。

夢の実現に必要なことは才能でも運でもありません。

チャンスが到来した時にモタモタして遅刻しないことです。

せっかくチャンスが到来したのに遠慮して遅刻している人は大勢います。

「お先にどうぞ」と言われたら「ぞ」にかぶる勢いで突進しましょう。

学問的根拠のせいにして夢の実現に遅刻してはいけません。

学問的立証をのんびり待っていると、学べることが限られる。
学問的根拠を待っている人は、夢の実現に遅刻する。

70

著者の本以外のコンテンツがあれば、それらもしゃぶり尽くす

本を読んで感銘を受けたら、ぜひその著者の本をすべて読んでみてください。

幸いなことに今では古書店もチェーン展開されて、ネット通販も非常に充実してきました。

ごく一部の例外を除けば、欲しい本はすべて入手することができます。

特定の著者の本をすべて読んでいくと、その著者の思考のＤＮＡに触れることができます。

自分が壁にぶつかった時に、

「この時、著者の○○さんだったらどう考えるだろうか」

と発想できるようになったらしめたものです。

著者の過去を丸暗記するのではなくて、著者の未来を創造していくのです。

過去の丸暗記はお金になりませんが、未来の創造は桁違いのお金に変身します。

著者の本をすべて制覇してしまったら、ＳＮＳでコンテンツを発信していない

か、オンラインサロンの実施をしていないかを調べてみましょう。
いろんな角度から著者をしゃぶり尽くすことによって、より多くをつかめます。
著者だったら、この雑用をどのようにこなすだろうか。
著者だったら、この窮地をどうやって切り抜けるだろうか。
著者だったら、この女性をどうやって口説き落とすだろうか。
尊敬する師匠になりきって、24時間365日生きていくことです。
それが成長する早道です。

感銘を受けた本の著者をとことんしゃぶり尽くす。
ブログやSNSを読み、サロンに参加してみる。

71 読書をしないと外見が劣化する

読書をすると、顔つきが変わります。

男性も女性も知的で凛々《りり》しい顔つきになります。

例外はありません。

実際に読書している人同士なら、読書している人の顔つきは一瞬でわかります。

道路を歩いている通行人同士でも、読書している人同士なら一瞬で相手を判別できるようになるのです。

20代までに脳みそに蓄積していたことは、30代になると表情に露呈《ろてい》されます。

20代までは先祖の遺伝子で「男前」「美人」だった人たちの中には、30代になってからまったくパッとしなくなってしまった、という人がいます。

久しぶりの同窓会で

「ところであの人は誰だっけ？　他のクラスの先生ではないよね」

と噂されている人もいます。

そのくらい遺伝子から授かった容姿は跡形もなくなっています。

20代までにモテた人と30代以降でモテる人が違うのは、外面でモテていたか内面でモテているかの差です。

恐ろしいことに本を読まない人は、20代では自慢だった容姿が30代に突入する頃には見るも無残にどんどん劣化していくのです。

反対に本を読んで脳みそをフル回転させている人は、全身の細胞が活性化して輝きながらオーラを発していくのです。


若返りたかったら、読書に限る。

モテたかったら、読書に限る。

72 好きな著者になりきって注文のない原稿を書いてみる

たくさん本を読んでいくに従って、あなたの心にある衝動が生まれるはずです。

それは「自分も本を書いてみたい」という衝動です。

それはごく自然な衝動です。

できれば、本書の読者にはいずれ自分の本を出して欲しいと思います。

本に育てられた人は、ぜひ本に恩返しするために本を書いてください。

膨大な読書をしていくと、今度は必ず自分も発信したくなるのは健全な証拠です。

書きたい衝動をそのまま我慢せず、好きな著者になりきって書いてみることです。

いざ書いてみようとすると、読んでいたのと違って意外に難しいことに気づかされます。

わかりやすく書かれているからといって、簡単に書けるわけではないと気づかされます。

難しいことを難しく書くのは、書いている本人が理解していなくても書けますからこれは簡単です。

ところが、難しいことをやさしく書くというのは、書いている本人が完璧にわかっていなければできないからこれは難しいのです。

でも、あなたは「あなたの仕事」ではプロのはずです。

難しいことをやさしく伝える重要性は、職業に関係ありません。

すべての職業は難しいことをやさしく伝えることが仕事なのです。

仕事上のすべての文書を好きな作家になりきって書いてみることから始めましょう。

毎日楽しくて仕方がなくなります。

> **無味乾燥な社内文書や資料作成を作家になりきって書こう。**
> **仕事がはかどる上に本を書く練習にもなる。**

73

今までなら「ありえない」本も1年に1冊は買ってみる

人生がどこかマンネリ化してきたと感じたら、自分の枠を拡げることです。

人は行き詰まると必ず閉じ籠ってしまいます。

行き詰まりを打破するためには、閉じ籠るのではなく枠を拡げていくのです。

自分の枠を拡げるのは、現状維持を拒否することなのでちょっと苦痛を伴うかもしれません。

でも、24時間365日、枠を拡げ続ける必要なんてありません。

1年にたった1日でいいのです。

これなら誰でもできるはずです。

1年に1日だけ、最高にハッピーな日で構いませんから、今までの自分では「ありえない」本を1冊買ってみてください。

「ありえない」というのは、どんな理由があっても一生買わないだろうなと思える本です。

アートの本でも音楽関係の本でも主婦向けの本でも、お洒落関係の本でも何でもいいのです。

値段が「ありえない」くらいに高いと感じる本でもいいです。

ページ数が「ありえない」くらいに分厚いと感じる本でもいいです。

カバーが「ありえない」くらいに趣味と違う本でもいいです。

大切なのは非日常的なものを買って家に持って帰るということです。

家で一通り目を通してみましょう。

わずか1日ですが、意外な気づきがたくさんあるはずです。


人生から「ありえない」をなくしていくことが大人の勉強。

大人の勉強のライバルは、子ども時代の自分。

74

早朝読書は脳のラジオ体操

今まで様々な企業の経営コンサルティングをしてきて、オススメできることがあります。

早朝読書です。

社員全員が早朝読書を習慣化している会社は、成長し続けています。

早朝に営業会議や予算会議をするよりも、早朝読書をしたほうが業績は上がります。

早朝読書は脳のラジオ体操の役割を果たしています。

5分間で構いませんから読書して、終わったら隣の人と1分間で意見交換し合うのです。

たったこれだけのことで脳みそはフル回転し始めます。

僕が朝起きて最初にすることは、枕元に積読《つんどく》してある本をたとえ1ページでも1行でも読むことです。

これだけで驚くほど目が覚めます。

今日やりたいアイデアが頭から溢れてきます。

人間は睡眠中に生まれてから今日までの記憶の整理整頓が、脳内で行なわれています。記憶の整理整頓をしている間に見ているのが夢です。

早朝は脳が一番整理整頓されている状態ですから、読書することによって質の高い知恵が生み出される化学反応が起こる可能性が高いのです。

体のラジオ体操よりも早朝読書のほうが目覚めにはいいくらいです。

慣れてくると苦にならなくなってきます。

むしろ早朝読書の虜《とりこ》になってしまいます。

どんなジャンルの本でもいいから、読んで、それを伝える訓練を継続していくことで強い組織をつくることができるのです。


早朝読書をすると、いいことが2つある。

社員の頭がよくなることと精神がタフになることだ。

75 1年後のコンテンツ発信を想定しながら読書する

よりキャリアアップしていきたい、スピード感を伴って成長していきたい、といった熱意溢れる人は1年後に自分が人前でアウトプットすることを目標にしてみてください。

たいした実績がなくても、人前でアウトプットすることは実はそれほど難しいことではありません。

コツは2つです。

1つは無報酬で引き受けること。

もう1つは何か1つ特徴を訴求すること。

たったこれだけであちこちのセミナー団体講師に登録しておけば、1年以内に人前でアウトプットできます。

問題は2つ目です。

いくらタダでも何も特徴のない人の話を聴きたいと思う人はいません。

できるだけマイナーな分野で、自分が興味のあることや多少なりとも実績のあることが特徴を出しやすいでしょう。

保険のセールスであれば社内で総合売上No.1というのは、よほど実力がなければ獲得できません。しかし、保険商品の中でもこのマイナー商品の売上だけはNo.1というのなら、グンと簡単になります。

それでもNo.1には変わりはありませんから特徴になるのです。

特徴が決まったら、それに関する本を片端から読み続けていくことです。

マイナー商品のNo.1から、もう少しメジャーな分野でNo.1を獲得できるようになるかもしれません。

アウトプットを目標にして読書と実践を繰り返していくことによって、仕事の実績にも直結します。

アウトプットを目標にすると、成長は速い。
読書・仕事・アウトプットが善のスパイラルを生み出す。

76

著者のプロフィールから人間観察力を磨く

本には著者プロフィールが掲載されています。

著者プロフィールは著者本人だけでなく、出版社はじめ著者の様々なブレーンたちの協力によって通常何度も加筆修正を繰り返されたものになっています。

僕自身のプロフィールも毎回仕事で関わった人に加筆修正されており、最初に作成したものは跡形《あとかた》もなくなってしまいました。

本を読んで「立派だな」と思っても、プロフィールを確認して、

「何だ、偉そうなこと言っている割にはたいしたことないな」

と思われてしまうこともあります。

一般に、読者は自分より格下だと判断した著者の本を買うことはありません。

プロフィールは、著者のブランドであり信頼です。

これほどまでに大切な著者プロフィールから学ばない手はありません。

何を学ぶのか。

人間観察力を、です。

「どんな人が受け入れられやすいのか」

「なぜこの著者は生年月日を公開していないのか」

「なぜこの著者は卒業大学名を公開していないのか」

「この著者が大切にしているものは何だろう」

というように、一言一句に対して「なぜ」「どんな」「何」を自問自答し続けていくのです。


読んだ本の著者すべてでこれをやり続けていくと、それだけで人間観察力を相当磨くことができます。


著者プロフィールにはきちんと目を通そう。

目を通すだけではなく、そこから多くを学ぼう。

77 電子書籍、インターネットコンテンツの波に身を委ねるべし

率直に申し上げて紙の書籍の時代は終焉《しゅうえん》を迎えつつあります。

紙書籍には紙の書籍のいいところがある、と綺麗事《きれいごと》を言うつもりはありません。

一日も早く電子書籍が主流になるべきであり、既得権益を貪っている人々は悪あがきしないでさっさと道を譲るべきです。

もちろん紙の書籍が完全にゼロになることはありません。

今後も細々と紙の書籍は残るでしょうし、一定の層には支持され続けます。

それは機械式時計やブリキのおもちゃと同じです。

今でも馬車が存在するのと同じです。

インターネット上のＳＮＳや動画もこれからますます隆盛を極めるでしょう。

すでにテレビやラジオのコンテンツがスカスカになってしまい、インターネット業界に人材が殺到しています。

あなたも一度きりの人生を本気で勝負したければ、電子書籍やインターネット

上で自分のコンテンツを発表してみることです。

あなたが挑戦すれば次の現実が生まれ、その現実と向き合った時に人は成長できるのです。

傍観者の時は批判するだけで楽でしたが、挑戦者になると批判される側になります。

批判する側より批判される側のほうが断然カッコいいし、人生を生ききっているのです。

20世紀を代表する哲学者のマルティン・ハイデガーはヒソヒソ話をしながら人生を終える野次馬のような人々を、「ダス・マン」と呼びました。

ダス・マンから抜け出すには、寿命は有限と考え、挑戦者として生きる以外に道はないのです。

大河の流れに逆らう生き方は賢明ではない。
自然の流れに身を委ね、その上で自分の人生を創造しよう。

Senda's Recommend Books

自分の限界を超える「成長力」が身につく3冊

1 『ゲーテとの対話』

エッカーマン／岩波書店

無人島に持って行くとしたら迷わず本書を選びます。地球に僕と最愛の人の二人きりになったら本書と共に生き、もう一度人類の道を拓きたいと思います。ボリュームはありますが、巷の自己啓発書1万冊のエッセンスが詰まっています。やんわりと厳しいことを伝えるのが一流です。

2 『人間通』

谷沢永一／新潮社

これから成長の階段を上っていくためにはすべて現実からスタートする必要があります。現実というのは必ずしも美しく優しいとは限りません。醜く厳しい現実もあります。社会の現実を知るということは、人間の現実を知るということです。本書はすべて本音で書かれている名著です。

3 『わらしべちょうじゃ』

西郷竹彦／ポプラ社

誰もが知る説話ですが、きっと人類が続く限りすたれてなくなることはないでしょう。なぜならこの世のカラクリを最もシンプルに表現してくれているからです。あなたが飛躍したければ、次の相矛盾するものを一体化させなければなりません。「愚直さ」と「執着を手放す勇気」です。

第8章

人生を変える本の「買い方・読み方」

All I Really Need to Know I Learned at the Bookstore.
88 Ways of Reading You Wish to Know in Your 20's

— chapter 8 —

78

「まえがき」の面白い本を選ぶ

自分が膨大な読書をしてきた経験と、実際に著者になった経験を踏まえて断言できることはたった1つだけです。

本は「まえがき（プロローグ）」が最も面白いということです。

まえがきがつまらない本で内容が面白いということはありませんでした。

実際に本を書いてみてわかったのは、著者にとってまえがきというのは特別なものです。

出版社にとっても特別なものです。

そもそも、まえがきがつまらなかったら、その本が売れないことはよくわかっていますから、特上に面白いネタを持ってきます。

小説を除くビジネス書や自己啓発書は、まえがきをピークにしてだんだんボルテージが下がっていくのです。

人類はどんどん進化していますから、ボルテージがだんだん上がっていくのを待っていられない人が急増しています。

「黙って読んでいけば100ページ目から面白くなるからそれまで我慢しなさい」というかつてのエンターテインメントの論理は通用しなくなりました。

「だったら100ページ目を1ページ目にしてよ」と反論されておしまいです。

「最近の若者は活字が読めない」というのは退化しているのではなく、つまらないものにいちいち反応しなくなったという意味において進化しているのです。

そこを見抜いたマーケティングのプロたちは、まえがきの数ページに上澄みのエッセンスを持ってくるのです。

本は「まえがき」で選ぶ。
「まえがき」を超える内容の本は存在しないと考えていい。

79 1分間立ち読みして1ワードでも引っかかれば買う

小説を除く本の内容は、「まえがき」より面白くなることはないと断言しました。自分にとって読む価値があるか否かの決定打は、「まえがき」の次に1分間の立ち読みでわかります。

内容の見出しにざっと目を通して、心の琴線に触れる言葉が一言でもあるか否かです。

パラパラとページを数回めくってみるのもいいでしょう。

気負わずリラックスしてざっと眺めると、今自分が抱えている課題に関連するキーワードが目に飛び込んでくるはずです。

目に飛び込んできたキーワードについて、あなたの目から鱗《うろこ》が落ちたら、買っておいて間違いないでしょう。

1分で琴線に触れる一言を見つけることができなければ、現段階では何時間粘ってもその本から琴線に触れる一言は見つかりません。

稀《まれ》に見つかるのかもしれませんが、それなら1分以内に琴線に触れる本ばかりを読んでいたほうがずっと面白いのです。

膨大な本の中から面白い本に高い確率で出逢っていくコツは、途中でつまらないと感じた本は読むのをやめることです。

やめることは、逃げることではありません。

やめることは、より上質の新しい出逢いを求めていくための勇気ある行為なのです。

1冊1分間立ち読みにチャレンジ。
1ワードでも琴線に触れれば、今のあなたに必要な本。

80 好きなテーマを好きなだけ読む

本当に好きなことを極めようとすると、必然的に専門的なことも勉強しなければならなくなります。

ただし、最初から専門的なことを勉強するのと違って、めちゃくちゃ楽しいです。

学校の勉強がつまらなかったのは、順番が違っていたからです。

人間は、人生のどこかで勉強したくなる時期が必ずやってきます。

生まれてから死ぬまで、ずっと勉強したくない人はいません。

勉強が大嫌いでまったく勉強してこなかった人が、大好きなお金儲けのために中学の数学から勉強し直して大学院の博士課程の物理まで勉強して、ノーベル賞を狙うような学者グループと大型プロジェクトを組んで仕事をしている人がいます。

これが本当の勉強です。

入試があって物理を勉強するのではなくて、猛烈に好きなことがあって手段として物理の勉強をします。

学生時代に嫌々勉強したことは、受験が終わった途端に一瞬で忘れます。

本音で好きなことのために勉強したことは一生忘れません。

すぐに憶えられることがあなたに向いている勉強です。

なかなか憶えることができずに苦労することは、あなたに向いていない勉強です。

悲壮感を漂わせながらウンウン唸《うな》っているのは大人の勉強ではありません。

自分の好きなことをとことん極めようとするだけでいい。
ついつい専門的なことを勉強しているあなたがいる。

81

内容よりカバーで決めてもいい

人生という限られた時間の中で本を買うか否かは、カバーで決めてしまってもいいのです。

確率から言うと、カバーがダサい本はやっぱり内容も面白くないからです。

特に21世紀に入ってからはタイトルやカバーの洗練度合いと、内容の洗練度合いが見事に比例しつつあります。

「外見よりも中身で勝負」

という時代は終わり、

「外見も中身の一部」

という時代が定着しつつあります。

正確に言うと、タイトルやカバーは本の内容をそのまま反映しています。

人の顔や体型が見事にその人の内面を顕《あらわ》しているのと同じです。

あなたの知っているベストセラーやロングセラーを並べてみてください。

ほとんどの本がタイトルやカバーが魅力的なはずです。

ダサいベストセラーやロングセラーはありません。

その時代を反映する見事なセンサーを持ったプロたちが知恵を絞った結果が、ベストセラーやロングセラーを生み出しているのです。

すばらしい内容だと判断したからこそ、一流のデザイナーや社内の看板編集者が担当するという理由もあります。

実際には、内容を最高に演出したのがカバーデザインに他ならないのです。


カバーのデザインで本を選ぶあなたは正しい。

カバーデザインは本の内容をそのまま反映しているから。

82

風評に踊らされず1%の面白い本に出逢う

本や映画について、エセ評論家の口癖に「最近面白い作品がない」というものがある、という話をしました。

そもそも、その退屈でワンパターンなコメント自体が面白くないのです。

あなたはそんな知った風な一般論に踊らされてはいけません。

人生の時間の無駄遣いです。

たくさん本を読んでいる人は、それだけたくさん面白い本に出逢っています。

ろくに本を読んでいない人は、面白い本に出逢うことはありません。

どんな世界でも面白い作品は1%という法則を思い出してください。

1つの面白い作品に出逢うためには、100の作品を味わえばいいのです。

10の面白い作品に出逢うためには、1000の作品を味わえばいいのです。

いたってシンプルなのです。

これは仕事についてもあてはまります。

１つの面白い仕事に出逢うために１００の仕事を芸術的にこなすのです。

10の面白い仕事に出逢いたかったら１０００の仕事を芸術的にこなせばいいのです。

本をよく読んでいる人の口癖は、「あの本のここが面白かった」というものです。

本をまったく読んでいない人の口癖は、「あの本つまらないらしいよ」というものです。

そもそも読んでいないから「らしいよ」という噂話しかできません。


一般論に踊らされるのは自分で考えていない証拠。

読書すれば、自分で考えて自分の意見を述べることができる。

83

どんな1冊にも10万円の価値があると心得る

「本は高い」と言う人がいます。

「本は高い」と思っている人は本を買ってはいけません。

「本は安い」と直感で理解できる人だけが本を買えばいいのです。

「本は安い」と直感で理解できるためには知性が必要になります。

著者がこれまでの人生をすべてかけて培ってきた知恵の集大成を、惜しみなく披露してくれていることを感じるのが、知性です。

本はすべて10万円でも安過ぎて申し訳ないくらいだと思っています。

1冊10万円とすれば1０００円と１５００円との差なんて単なる誤差に過ぎません。

３０００円や５０００円、１万円でもまだ安過ぎます。

あなたが大人ならば、著者がその本に書いてある知恵を披露するまでにかけた時間とお金を想像してみると、すぐにわかるはずです。

著者の人生の一部を削り取ってお裾《すそ》分《わ》けしてもらっていると考えます。

僕は学生時代から、ずっとそのつもりで本を買い続けてきました。

前にも述べたように、注文する際、生協のおばちゃんから「この本3万円するけど大丈夫？」と念押しされたこともあります。

それでも「本は高い」と思ったことは一度もありません。

それを踏まえた上で、高額な本には内容のハズレが確率的に少ないと言っておきます。

> **本は1冊10万円の価値があると考えてみる。**
> **1000円も30000円も1万円も誤差範囲内。**

84 本は買った瞬間に目的の半分以上を達成している

積読で悩んでいる人がいます。

積読されている本を眺めるたびにため息が出てしまいます。

積読はあなたにとって義務ではありません。

そもそも読書は好きでするものなのに、読書が義務になるほど人生をつまらなくすることはありません。

これでは本末転倒です。

解決方法は、積読に対する考え方を根本的に変えてしまうことです。

積読しているということは、書店で立ち読みした上で選んだとか、事前に何らかの情報収集をして自分に必要だと判断して選んだはずです。

何の理由もなく本を買う人はいません。

本は購入すると決断した段階で、すでに目的の半分以上を達成しています。

これは本の購入に限りませんが、人は決断するたびに記憶力が鍛えられます。

決断しない人は記憶力が弱いのです。

購入するまでのプロセスは、その本を読み進めるための原動力となります。

決定打として自腹でお金を払って購入した瞬間に、情報がスッと記憶に残ります。

だから、本は身銭を切って購入するほうが圧倒的に学べるから得なのです。

つまり積読された本というのは、仮にそのまま読まれなかったとしてもすでに多くを吸収してとっくに元は取れているのです。

いつも立ち読みだけで終えている人は、実は損をしているのです。


読まなくても身銭を切って所有したその事実に意味がある。

書店で琴線に触れた思い出を持ち帰るだけで目的達成。

85 20代のうちに30代、40代の予習をしておく

僕は、大学生の頃から30代向けや40代向けの本を読んでいました。

大学1年生の頃から就職活動向けの本どころか、転職活動向けの本も読んでいました。

さらに、管理職向けの本や経営者向けの本や定年後の本も読んでいました。

もちろん、定年後のさらに後に迎える死後の世界の本も読んでいました。

将来転職するつもりで読んでいたわけでもなければ、出世して管理職になった時に備えて読んでいたわけでもありません。

純粋に楽しいから読んでいた、それだけなのです。

人生の節目に関するテーマの本は、危機意識を芽生えさせる仕掛けがたくさんしてあって本当にエキサイティングだったのです。

その後、僕は驚くべき事実を目の当たりにします。

就職活動、社会人1年目、転職、経営コンサルタント時代、独立……とすべて

において「初めて」と感じたことが1つもなかったのです。

すべて大学生の頃に読んだ本をなぞって、復習していたような感覚だったのです。

だから、このタイミングでたいていこんな人が登場する、次のタイミングで自分はこういう環境になる、といったことが手に取るようにわかったのです。

つくづく思いました。

人は自分が読んだ本のような人生を歩むのです。

学校でしたように社会人になっても人生の予習をしよう。
本で読んだようなことが現実にも次々と起きる。

86 本に遠慮せず「使う」ことで内容に入り込める

まず、本は丁重に扱うべきであるという固定観念を破ってみましょう。

購入した本は、早速グイッと拡げて自分が読みやすいように折り曲げましょう。気になった箇所には赤ペンで線を引いたり、ページの端を折り曲げたりしましょう。

こうして自分専用の本に仕立て上げて汚していくと、ぐんぐん入り込んで読むことができます。

いつまでも書店でつけてもらったカバーをしていたり、折目がつかないようにと神経を使っていたりすると、それだけで疲れ果ててしまいます。

疲れる読書は偽物なので頭に何も残りません。

本を購入して翌日にはもう「かなり年季が入っていますね」と言われるくらいでちょうどいいでしょう。

場合によっては自分がグラッときた一節が書いてあるページをビリビリと破っ

て、残りはゴミ箱に捨ててそのまま行動に移してもいいのです。

本に人格があるとすれば、本が一番喜ぶのは美しく保管され続けることよりも実際に持ち主の役に立てることだと思います。

過剰なほど丁重に扱われてたいして読まれないより、本としての体をなしていないけれど気づいたことをすぐアクションに移しているほうが圧勝なのです。

著者になってみて気づかされたことがあります。

付箋《ふせん》だらけでボロボロに読み込まれている本を片手にした読者との出逢いは、特に大切にしたいな、と思います。


購入した本は所有者が自由に使う権利がある。

必要なページを破って他はゴミ箱に捨ててもいい。

87

積《つん》読《どく》本《ぼん》は枕元に置く

僕は枕元にいつも読みかけの本がどっさり積んであります。

途中で読むのを放棄してしまった本ばかりです。

これは、ここ10年くらいずっと続いている習慣です。

どんなにくたくたに疲れて帰ってきても、枕元に置いてある本には必ず触れて1秒は読まないと気が済まないのです。

もはや中毒です。

逆にまったく眠くなかったら超ラッキーだと考えます。

眠くなるまでの間、「読書タイムを神様からプレゼントしてもらった」と感謝します。

布団に入って読書していると、逆に目が冴えてきてしまうこともあります。

目が冴えてきたら、そのまま流れに身を任せます。

大好きなことで夜ふかしできるのであれば本望だからです。

ただし、少しでも眠くなってきたら、パタリと本を閉じて次の瞬間はもう眠っています。

眠い目をこすりながらがんばって読書するというのは、自然の摂理に反しています。

自然の摂理に反した読書は頭に入らない上に、読書を嫌いにしてしまいます。

枕元の積読は記憶に残りやすいです。

なぜなら、読んだ直後に眠っているために、睡眠中に記憶が整理整頓されるからです。

枕元にはきちんとインプットしたい本を置いておくことがオススメです。

この調子で積読の本のメニューも次々にリニューアルできるようになります。

積読になっている本をすべて枕元に置いておく。
積読の量が減る上にうっかり眠くなれば儲けもの。

88 憧れの難解な本は買っておいて損はない

わかりやすい本は素晴らしいし、何よりも行動に移しやすいので助かります。

しかし、あえてここであなたのために本気でアドバイスをさせてもらうと、わかりやすい本だけ読んでいても人生のステージは大きく変わりません。

なぜならわかりやすい本ばかりを読んでいても、あなたの頭はよくならないからです。

毎日腕立て伏せを10回やることは健康維持にはなるかもしれませんが、筋肉を発達させてマッチョになることはできません。

それと同じで脳に負荷をかけなければ、頭もよくならないのです。

別に頭がよくなくても成功したりお金持ちになれたりはします。

しかしその場合、集まってくる仲間もまた頭がよくない成功者やお金持ちたちばかりです。

こういう真実は普通なら誰も教えてくれません。こうして本を読んだりインターネットの検索力を高めたりして本音の情報に自力で辿り着くしかありません。そのためにもあなたには知性が必要になります。

では、どうすればあなたの頭を鍛えてよくできるのでしょうか。

それは、直感で憧れた難解な本を買って目立つ場所に飾っておくことです。

途中で自分を信じられなくなっても、それらの本を処分したり売ったりしてはいけません。

いずれあなたにはその本を読む時が必ずやってくるからです。

あなたの直感というのは、あなたの幸福に必要なパズルのピースを、潜在意識が教えてくれているのです。

憧れの本を目立つ場所に置いておくと、それを読むための準備の本も自然に集まってきます。

脳トレと筋トレは同じ。
意識的に負荷をかけなければ何も変わらない。

つらい時に群れるな、本を読め

もし、あなたが将来幸せになりたいと思うのであれば、つらいことがあった際にすぐに群《むら》がらないことです。

群がって愚痴を言い合っても、結局は部屋で独りになった時に自分と向き合わなければなりません。

さっきまで群がって愚痴を言い合ってにぎやかだった時間とのギャップで、余計に落ち込みます。

そして、翌日以降も落ち込みを紛らわせるために、また群がって愚痴を言い合うのです。

一度このスパイラルに入り込むと、人生の最後まで愚痴が繰り返されます。

反対につらいことがあった際、まずは自分でその事実を受容する人は、まもなく素敵な人との出逢いがあります。

つらい事実を受容するためには、たくさん本を読んでいる必要があります。

たくさん本を読んでいると、愚痴を言わなくなります。

なぜなら、読書とはネガティブな愚痴を聞いてはくれず、ポジティブな考え方を著者と一緒に考えざるを得ない行為だからです。

ポジティブな考え方を自分なりに見つけ出せる人は、1人でも輝けます。

1人で輝ける人だけが、別の1人で輝いている人と出逢うことができるのです。

羊同士が群がっても何も成し遂げることはできませんが、ライオン同士の出逢いなら世の中を変えていけるのです。

千田琢哉

この世に本がなかったら、
僕はとっくに死んでいた。

千田琢哉 著作リスト（2021年2月現在）

アイバス出版

『一生トップで駆け抜けつづけるために20代で身につけたい勉強の技法』

『一生イノベーションを起こしつづけるビジネスパーソンになるために20代で身につけたい読書の技法』

『1日に10冊の本を読み3日で1冊の本を書く ボクのインプット＆アウトプット法』

『お金の9割は意欲とセンスだ』

あさ出版

『この悲惨な世の中でくじけないために20代で大切にしたい80のこと』

『30代で逆転する人、失速する人』

『君にはもうそんなことをしている時間は残されていない』

『あの人と一緒にいられる時間はもうそんなに長くない』

『印税で1億円稼ぐ』

『年収1000万円に届く人、届かない人、超える人』

『いつだってマンガが人生の教科書だった』

朝日新聞出版

『人生は「童話」に学べ』

海竜社

『本音でシンプルに生きる!』

『誰よりもたくさん挑み、誰よりもたくさん負けろ！』

『一流の人生 − 人間性は仕事で磨け！』

『大好きなことで、食べていく方法を教えよう。』

学研プラス

『たった2分で凹みから立ち直る本』

『たった2分で、決断できる。』

『たった2分で、やる気を上げる本。』

『たった2分で、道は開ける。』

『たった2分で、自分を変える本。』

『たった2分で、自分を磨く。』

『たった2分で、夢を叶える本。』

『たった2分で、怒りを乗り越える本。』

『たった2分で、自信を手に入れる本。』

『私たちの人生の目的は終わりなき成長である』

『たった2分で、勇気を取り戻す本。』

『今日が、人生最後の日だったら。』

『たった2分で、自分を超える本。』

『現状を破壊するには、「ぬるま湯」を飛び出さなければならない。』

『人生の勝負は、朝で決まる。』

『集中力を磨くと、人生に何が起こるのか?』

『大切なことは、「好き嫌い」で決めろ！』

『20代で身につけるべき「本当の教養」を教えよう。』

『残業ゼロで年収を上げたければ、まず「住むところ」を変えろ！』

『20代で知っておくべき「歴史の使い方」を教えよう。』

『「仕事が速い」から早く帰れるのではない。「早く帰る」から仕事が速くなるのだ。』

『20代で人生が開ける「最高の語彙力」を教えよう。』

『成功者を奮い立たせた本気の言葉』

『生き残るための、独学。』

『人生を変える、お金の使い方。』

『「無敵」のメンタル』

『根拠なき自信があふれ出す！「自己肯定感」が上がる100の言葉』

『いつまでも変われないのは、あなたが自分の「無知」を認めないからだ。』

『人生を切り拓く100の習慣』

【マンガ版】『人生の勝負は、朝で決まる。』

『どんな時代にも通用する「本物の努力」を教えよう。』

『「勉強」を「お金」に変える最強の法則50』

KADOKAWA

『君の眠れる才能を呼び覚ます50の習慣』

『戦う君と読む33の言葉』

かんき出版
『死ぬまで仕事に困らないために20代で出逢っておきたい100の言葉』
『人生を最高に楽しむために20代で使ってはいけない100の言葉』
『20代で群れから抜け出すために顰蹙を買っても口にしておきたい100の言葉』
『20代の心構えが奇跡を生む【CD付き】』

きこ書房
『20代で伸びる人、沈む人』
『伸びる30代は、20代の頃より叱られる』
『仕事で悩んでいるあなたへ 経営コンサルタントから50の回答』

技術評論社
『顧客が倍増する魔法のハガキ術』

KKベストセラーズ
『20代 仕事に躓いた時に読む本』
『チャンスを掴める人はここが違う』

廣済堂出版
『はじめて部下ができたときに読む本』
『「今」を変えるためにできること』
『「特別な人」と出逢うために』
『「不自由」からの脱出』
『もし君が、そのことについて悩んでいるのなら』
『その「ひと言」は、言ってはいけない』
『稼ぐ男の身のまわり』
『「振り回されない」ための60の方法』
『お金の法則』
『成功する人は、なぜ「自分が好き」なのか？』

実務教育出版
『ヒツジで終わる習慣、ライオンに変わる決断』

秀和システム
『将来の希望ゼロでもチカラがみなぎってくる63の気づき』

祥伝社
『「自分の名前」で勝負する方法を教えよう。』

新日本保険新聞社
『勝つ保険代理店は、ここが違う！』

すばる舎
『今から、ふたりで「5年後のキミ」について話をしよう。』
『「どうせ変われない」とあなたが思うのは、「ありのままの自分」を受け容れたくないからだ』

星海社
『「やめること」からはじめなさい』
『「あたりまえ」からはじめなさい』
『「デキるふり」からはじめなさい』

青春出版社
『どこでも生きていける 100年つづく仕事の習慣』
『「今いる場所」で最高の成果が上げられる100の言葉』
『本気で勝ちたい人は やってはいけない』
『僕はこうして運を磨いてきた』
『「独学」で人生を変えた僕がいまの君に伝えたいこと』

清談社Publico
『一流の人が、他人の見ていない時にやっていること。』

総合法令出版
『20代のうちに知っておきたい お金のルール38』

『筋トレをする人は、なぜ、仕事で結果を出せるのか？』
『お金を稼ぐ人は、なぜ、筋トレをしているのか?』
『さあ、最高の旅に出かけよう』
『超一流は、なぜ、デスクがキレイなのか？』
『超一流は、なぜ、食事にこだわるのか?』
『超一流の謝り方』
『自分を変える 睡眠のルール』
『ムダの片づけ方』
『どんな問題も解決する すごい質問』
『成功する人は、なぜ、墓参りを欠かさないのか?』
『成功する人は、なぜ、占いをするのか?』
『超一流は、なぜ、靴磨きを欠かさないのか？』
『超一流の「数字」の使い方』

SBクリエイティブ
『人生でいちばん差がつく20代に気づいておきたいたった1つのこと』
『本物の自信を手に入れるシンプルな生き方を教えよう。』

ダイヤモンド社
『出世の教科書』

大和書房
『20代のうちに会っておくべき35人のひと』
『30代で頭角を現す69の習慣』
『やめた人から成功する。』
『孤独になれば、道は拓ける。』
『人生を変える時間術』
『極 突破力』

宝島社
『死ぬまで悔いのない生き方をする45の言葉』
【共著】『20代でやっておきたい50の習慣』
『結局、仕事は気くばり』
『仕事がつらい時 元気になれる100の言葉』
『本を読んだ人だけがどんな時代も生き抜くことができる』
『本を読んだ人だけがどんな時代も稼ぐことができる』
『1秒で差がつく仕事の心得』
『仕事で「もうダメだ！」と思ったら最後に読む本』

ディスカヴァー・トゥエンティワン
『転職1年目の仕事術』

徳間書店
『一度、手に入れたら一生モノの幸運をつかむ 50 の習慣』
『想いがかなう、話し方』
『君は、奇跡を起こす準備ができているか。』
『非常識な休日が、人生を決める。』
『超一流のマインドフルネス』
『5秒ルール』
『人生を変えるアウトプット術』
『死ぬまでお金に困らない力が身につく25の稼ぐ本』
『世界に何が起こっても自分を生ききる25の決断本』
『10代で知っておきたい 本当に「頭が良くなる」ためにやるべきこと』

永岡書店
『就活で君を光らせる84の言葉』

ナナ・コーポレート・コミュニケーション
『15歳からはじめる成功哲学』

日本実業出版社
『「あなたから保険に入りたい」とお客様が殺到する保険代理店』
『社長！この「直言」が聴けますか?』

『こんなコンサルタントが会社をダメにする！』

『20代の勉強力で人生の伸びしろは決まる』

『ギリギリまで動けない君の背中を押す言葉』

『あなたが落ちぶれたとき手を差しのべてくれる人は、友人ではない。』

【新版】『人生で大切なことは、すべて「書店」で買える。』

日本文芸社
『何となく20代を過ごしてしまった人が30代で変わるための100の言葉』

ぱる出版
『学校で教わらなかった20代の辞書』
『教科書に載っていなかった20代の哲学』
『30代から輝きたい人が、20代で身につけておきたい「大人の流儀」』
『不器用でも愛される「自分ブランド」を磨く50の言葉』
『人生って、それに早く気づいた者勝ちなんだ！』
『挫折を乗り越えた人だけが口癖にする言葉』
『常識を破る勇気が道をひらく』
『読書をお金に換える技術』
『人生って、早く夢中になった者勝ちなんだ！』
『人生を愉快にする！超・ロジカル思考』
『こんな大人になりたい！』
『器の大きい人は、人の見ていない時に真価を発揮する。』

PHP研究所
『「その他大勢のダメ社員」にならないために20代で知っておきたい100の言葉』

『お金と人を引き寄せる50の法則』

『人と比べないで生きていけ』

『たった1人との出逢いで人生が変わる人、10000人と出逢っても何も起きない人』

『友だちをつくるな』

『バカなのにできるやつ、賢いのにできないやつ』

『持たないヤツほど、成功する！』

『その他大勢から抜け出し、超一流になるために知っておくべきこと』

『図解「好きなこと」で夢をかなえる』

『仕事力をグーンと伸ばす20代の教科書』

『君のスキルは、お金になる』

『もう一度、仕事で会いたくなる人。』

『好きなことだけして生きていけ』

藤田聖人
『学校は負けに行く場所。』
『偏差値30からの企画塾』
『「このまま人生終わっちゃうの？」と諦めかけた時に向き合う本。』

マガジンハウス
『心を動かす 無敵の文章術』

マネジメント社
『継続的に売れるセールスパーソンの行動特性88』
『存続社長と潰す社長』
『尊敬される保険代理店』

三笠書房
『「大学時代」自分のために絶対やっておきたいこと』
『人は、恋愛でこそ磨かれる』
『仕事は好かれた分だけ、お金になる。』
『1万人との対話でわかった 人生が変わる100の口ぐせ』
『30歳になるまでに、「いい人」をやめなさい！』

リベラル社
『人生の9割は出逢いで決まる』
『「すぐやる」力で差をつけろ』

千田琢哉（せんだ　たくや）
愛知県生まれ。岐阜県各務原市育ち。文筆家。
東北大学教育学部教育学科卒。日系損害保険会社本部、大手経営コンサルティング会社勤務を経て独立。コンサルティング会社では多くの業種業界におけるプロジェクトリーダーとして戦略策定からその実行支援に至るまで陣頭指揮を執る。のべ3,300人のエグゼクティブと10,000人を超えるビジネスパーソンたちとの対話によって得た事実とそこで培った知恵を活かし、"タブーへの挑戦で、次代を創る"を自らのミッションとして執筆活動を行っている。著書累計は340万部を超える（2021年2月現在）。
ホームページ：http://www.senda-takuya.com/

新版《しんぱん》 人生《じんせい》で大切《たいせつ》なことは、すべて「書店《しょてん》」で買《か》える。

2021年 2 月 20 日　初版発行
2022年 5 月 20 日　第4刷発行

著　者　千田琢哉 ©T.Senda 2021
発行者　杉本淳一

発行所　株式会社 日本実業出版社　東京都新宿区市谷本村町3－29 〒162－0845
編集部　☎03－3268－5651
営業部　☎03－3268－5161　振　替　00170－1－25349
https://www.njg.co.jp/

印刷・製本／リーブルテック

ISBN 978－4－534－05834－8　Printed in JAPAN

日本実業出版社の本

20代の勉強力で人生の伸びしろは決まる

千田琢哉　定価 本体 1200円（税別）

「ガリ勉は社会に出てから」「年収を上げるには残業よりも勉強」。1,000人以上の20代と対話してきた著者独自の視点による80の学び方、気づき方を、仕事、人間関係、組織、時間、お金などの項目ごと、すぐに実行に移せる方法とともに解説。

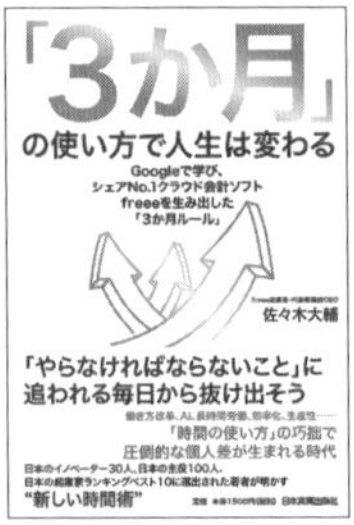

「3か月」の使い方で人生は変わる

佐々木大輔　定価 本体 1500円（税別）

Googleでのプロジェクトを成功させ、さらにシェアNo.1クラウド会計ソフトfreeeを開発した「3か月ルール」とは？「やらなければならないこと」に追われる毎日から抜け出し、「本当にやりたいこと」を実現する時間の使い方。

会計の神さまが教えてくれたお金のルール

天野敦之　定価 本体 1400円（税別）

「このままやったら、一生お金に振り回されることになるぞ」。ある日突然、会計の神さまがやってきた！　収入・投資・副業……「頭のいいお金の使い方・増やし方」を著書累計40万部突破のベストセラー会計士が解説。

●定価変更の場合はご了承ください。